大型工程项目
风险分析的理论与实践

Theories and Applications of
Risk Analysis of Engineering Programs

李金亭　左小德◎著

暨南大学出版社
JINAN UNIVERSITY PRESS

中国·广州

图书在版编目（CIP）数据

大型工程项目风险分析的理论与实践/李金亭，左小德著.—广州：暨南大学出版社，2018.9
ISBN 978 - 7 - 5668 - 2480 - 6

Ⅰ.①大… Ⅱ.①李…②左… Ⅲ.①工程项目管理—风险分析 Ⅳ.①F284

中国版本图书馆 CIP 数据核字（2018）第 209445 号

大型工程项目风险分析的理论与实践
DAXING GONGCHENG XIANGMU FENGXIAN FENXI DE LILUN YU SHIJIAN
著者：李金亭　左小德

- -

出 版 人：徐义雄
责任编辑：曾鑫华
责任校对：傅　迪
责任印制：汤慧君　周一丹

出版发行：暨南大学出版社（510630）
电　　话：总编室（8620）85221601
　　　　　营销部（8620）85225284　85228291　85228292（邮购）
传　　真：（8620）85221583（办公室）　85223774（营销部）
网　　址：http://www.jnupress.com
排　　版：广州市天河星辰文化发展部照排中心
印　　刷：广东信源彩色印务有限公司
开　　本：850mm×1168mm　1/32
印　　张：7.75
字　　数：174 千
版　　次：2018 年 9 月第 1 版
印　　次：2018 年 9 月第 1 次
定　　价：36.00 元

（暨大版图书如有印装质量问题，请与出版社总编室联系调换）

前　言

随着社会的发展和技术的进步，大型工程项目现在越来越普遍，而其蕴含的风险也越来越复杂。本书专门针对大型工程项目探讨其风险源，进行风险辨识，然后针对这些风险进行相关评估，并在此基础上，进行风险的评价和防范与应对的分析研究。

本书在组织内部管控理论的基础上，从组织行为学的角度全面分析大型工程项目的组织内部风险管控所涉及的各类问题。基于利益相关者、工程项目管理、风险控制等多种理论，对大型工程项目实施过程中涉及的各种主体行为风险进行分析，全方位研究了项目责任主体行为风险产生机制、风险特征和风险控制问题。将组织行为学作为基础研究框架，重点从个体理论、群体理论和组织系统等三大方面对大型工程项目涉及的风险管控进行研究。本书聚焦基于组织行为构建大型工程项目组织的内部管控体系，从决策、管理、业务三个层面细致剖析组织存在的问题，提出解决方案，最终实现行为控制及风险控制。

本书是本人在暨南大学读 EMBA 和企业管理博士期间学习与思考的成果，结合了长期工作实践的经验，在博士学位论文《基于组织行为因素的大型工程项目风险管理研究》的基础上补充了一些相关资料撰写而成的。其中，导师左小德教授撰写第五章并对第八章案例内容进行精简等处理；同门的博士生师妹刘敏帮忙整理第六章、第七章的内容；博士生师弟蓝贤刚帮忙整理第二章、第三章、第四章的内容；硕士生师妹张玮和李舒然帮忙整理第一章的内容。案例内容主要来自同门师兄廖源撰写的案例素材。本书后勒口的合影从左至右分别是李舒然、张玮、左小德、刘敏、廖源、蓝贤刚，本人对导师和这些师兄弟妹们的大力支持表示衷心感谢！书中的内容还参考了其他作者的资料，不再一一列出，在此 ·并表示感谢！

李金亭

2018 年 6 月

目 录

1 大型工程项目及其特点

1.1 大型工程项目

随着我国社会生产力的发展和现代科学技术的进步，工程建设领域发生了很大的变化，大型工程项目在整个社会固定资产投资中所占的比例越来越高。我国的经济从 20 世纪 80 年代开始进入高速发展的黄金时期，国家建设欣欣向荣。特别是"十五"计划以来，国家重点投资建设的大型及特大型工程项目，如三峡工程、南水北调工程、沿海高速、北京奥运会场馆等，越来越多地出现在世人面前。全国各地也有许多大型工程项目，包括高速公路、地铁、体育馆、剧院等大型公共设施，以及大型住宅区、超高层商业建筑等。大型工程项目已经成为我国建筑业重点建设的新领域和我国工程承包商重点开发的新市场。

我国自 2001 年加入世界贸易组织（WTO）以来，工程建设领域不断开放，许多国外的工程承包商大量涌进中国市场，与我国的工程承包商开展竞争和合作，积极参与我国的大型工程建设项目。这体现了中国大型工程项目市场的巨大潜力。我国的工程承包商要想获取更大的发展空间和高额的利润回报，就应该了解大型工程项目的特点，熟知大型工程项目的运作，掌握大型工程建设项目的管理技能，才能更好地适应工程项目发展的新趋势。从长远来看，虽然我国正处于大型工程建设的高峰期，但对我们来说，整个世界市场更具有诱惑力。我国的大型工程承包商仅仅把目光放在国内市场是不够的，必须积极地走出国门，参与全球范围内的大型工程项目承包管理工作。

可以毫不夸张地说，科学认识大型工程项目的特点，改善我国目前的大型工程项目承包管理现状，提高管理综合效益，不仅是行业形势发展的需要，而且已经成为一项带有相当程度政治意义的紧迫任务。为了深刻理解大型工程项目的实质，我们有必要先对"工程"和"项目"的基本概念作简要辨析。

1.1.1　工程

工程活动是人类改变世界的重要实践活动。马克思曾指出："哲学家们只是用不同的方式解释世界，而问题在于改变世界。"工程的本质正是改造世界，同时创造这个世界新的存在形式。

工程英文单词"engineering"，源自拉丁文"ingenear"，意思是"to produce"（制造）。18世纪在欧洲出现时，专指作战兵器的制造和执行服务于军事目的的工作。后引申出一种更普遍的看法：把服务于特定目的的各项工作的总体称为工程，如机械工程、土木工程、采矿工程等（钱学森，1982）。在我国，"工程"早已出现过，如《新唐书·魏知古传》中有"会造金仙、玉珍观，虽盛夏，工程严促"；《红楼梦》中有"园内工程，俱以告竣"等。"工程"在中国传统生产发展史上主要指土木设计、建筑、施工等。

对于工程的理解，中外学者均有不同的看法。

1828年英国土木工程师协会章程最初正式把工程定义为："利用丰富的自然资源为人类造福的艺术。"1852年美国土木工程师协会章程将工程定义为："把科学知识和经验知识应用于设计、制造或完成对人类有用的建设项目、机器和材料的艺术。"他们不仅把工程看成是真理与价值的统一，还看成是一种艺术，即真、善、美的协调和统一。

在我国，1979年版的《现代汉语词典》释义"工程指土木建筑或其他生产、制造部门用比较大而复杂的设备来进行的工作，如采矿工程等"，这一定义将工程的概念狭义化。王沛民（1994）把工程解释为：按照人类的目的而使自然人工化的过程，是"组织设计和建造人工物以满足某种明确需要的实践活动"。李伯聪（2002）将工程定义为实际改造世界的物质实践活动。徐长福（2002）强调："凡是自觉依循虚体完形，通过利用现成实体完形以创造新的实体完形来满足人的需要的活动及其成果，就是工程。"他把工程看作是具有一定规模的人工物品。李世新（2003）提出："所谓工程，是指建设、生产、制造等部门用比较庞大而复杂的装备技术、原材料来进行的工作。"或者"工程就是系统地综合应用物质的和自然界的资源来创造、研究、制造并能支持经济地为人类提供某种用途的产品或工艺"。张秀华（2004）从工程学的视角出发，将工程定义为从特定主体的需要和目的出发，综合运用科学理论和技术手段来改造客观世界的规模较大的具体实践活动以及取得的实际成果。安维复（2004）从哲学的视角对工程与哲学的关系进行了考量，并指出："工程就是人的物化，就是人的社会建构，工程的本质就是人的自我实现。"在广州召开的"中国工程管理论坛"（2007）提出："工程是人类为了生存和发展，实现特定的目的，运用科学和技术，有组织地利用资源，所进行的造物或改变事物性状的集成性活动。一般来说，工程具有技术集成性和产业相关性。"工程的内容随着社会历史的发展而不断变化，上述看法从不同角度对工程的内涵作了一定程度的揭示，可以发现，工程是人们应用科学理论和技术手段改造客观世界的实践活动。

笔者认为，工程更强调的是实践活动，而不仅仅是理论思考、逻辑演绎和思维活动。区别于更看重技术的传统工程，现代工程强调的是工程素质与工程能力的结合。它主要包含两个方面的内容：一方面，工程是自然科学应用的一种技艺，目的在于改造自然和为人类生产生活服务，诸如土建工程、采矿工程、冶金工程等；另一方面，工程是在物质、经济、人力、政治、法律和文化限制内为满足社会需要而综合应用各方面知识和经验的一种创造性的专业技术。

1.1.2　项目

项目一词是从英文"project"一词翻译而来，但在中国现有的文化背景下，项目与"project"的含义并不完全一样，通常我们所说的"工程"，其实就是指英语中的"project"。对于项目的定义，有许多不同的概念。

国际标准化组织（International Organization for Standardization）ISO10006 将项目定义为："具有独特的过程，有开始和结束日期，由一系列相互协调和受控的活动组成。过程的实施是为了达到规定的目标，包括满足时间、费用和资源等约束条件（成虎，2001）。"德国国家标准 DIN69901 将项目定义为："项目是指在总体上符合如下条件的具有唯一性的任务（计划）：具有预定的目标；具有时间、财务、人力和其他限制条件；具有专门的组织。"现今为多数学者所认可的定义是由美国项目管理协会做出的，即"项目是为完成某一独特的产品或服务所做的一次性努力"。

现代意义上的项目，外延很广，从北京奥运会场馆的修建到青藏铁路的建造，都属于项目的范畴。对某一项目而言，在时间跨度上，可以跨越数十年，也可以在短期内完成；在空间上，项目可以横贯万里疆域，也可以在一个狭小的空间里完成；从投资规模看，项目投资有大有小；从技术上看，有些项目需要大量高精尖的新技术，而有些项目无须特殊的技术储备；从组织上看，有些项目需要多工种、多专业、多学科、多部门甚至多企业的交叉协同攻关，有些项目则只需单一部门即可完成。

综上所述，虽然工程和项目在表征意义上存在一定的交叉重叠，但两者所强调的内容有所不同。工程是人们组织资源进行造物的集成化活动，强调过程的实践性和创新性；而项目是一个广义的概念，主要强调实践活动的一次性特点。

1.1.3　工程项目

工程项目是最常见、最为典型的项目类型。它是指为达到预期目标，投入一定量的资本，在一定的约束条件下，经过决策与实施的必要程序从而形成固定资产的一定性任务。工程项目是一项复杂的系统工程，它涉及大量的人力、物力和财力，同时又有时间、质量和成本的要求，因此工程项目管理是一项极富挑战性的工作，需要充分发挥人的创造力。工程项目作为项目，具备项目的特征，即有质量、工期和投资条件的约束；而作为工程项目，又具备其他项目不同的特点。

1. 一次性特征

就其建设成果来说是一次性的，因其投资额特别大，所以在建设过程中，如达不到要求，将产生深远的影响，甚至关系到国民经济的发展。

2. 建设周期很长

一个工程项目从最开始的可行性研究，到后来的项目融资、勘察、工程设计、施工、试车、投入生产及最后的还贷及投资效益评价是一个相当漫长的过程。

3. 项目的整体性更强

工程项目的每个单项工程及建设的每个阶段都有自己的独特之处，它们之间更有着不可分割的联系。一些项目还有许多配套的工程，缺一不可，这样就要求整个建设工作具有连续性，一旦开工，就不能中断。

4. 产品具有特定性

正如一般的工程建设项目那样，它的设计具有单一性，不能成批生产建设，也给实施带来复杂性，且受环境的影响很大，管理复杂。

5. 协作要求高

工程项目比一般的工业产品大得多，协作要求很高，涉及行业多，协调控制难度大。

根据中华人民共和国建设部《工程设计资质标准》，其中对工程项目的规模进行了详细界定，对于建筑工程来说，详情如表1-1所示。

表1-1 建筑项目设计规模划分表

序号	建设项目	工程等级特征	大型	中型	小型
1	一般公共建筑	单位建筑面积	20 000平方米以上	5 000～20 000平方米	≤5 000平方米
		建筑高度	>50米	24～50米	≤24米
		复杂程度	1. 大型公共建筑工程	1. 中型公共建筑工程	1. 功能单一，技术要求简单的小型公共建筑工程
			2. 技术要求复杂或具有经济、文化、历史等意义的省（市）级中小型公共建筑工程	2. 技术要求复杂或有地区性意义的小型公共建筑工程	2. 高度小于24米的一般公共建筑工程

（续上表）

序号	建设项目	工程等级特征	大型	中型	小型
1	一般公共建筑	复杂程度	3. 高度大于50米的公共建筑工程	3. 高度24～50米的公共建筑工程	3. 小型仓储建筑工程
			4. 相当于四星级、五星级饭店标准的室内装修、特殊声学装修工程	4. 仿古建筑、一般标准的古建筑、保护性建筑及地下建筑工程	4. 简单的设备用房以及其他配套用房工程
			5. 高标准的古建筑、保护性建筑和地下建筑工程	5. 大中型仓储建筑工程	5. 简单的建筑环境设计以及室外工程
			6. 高标准的建筑环境设计和室外工程	6. 一般标准的建筑环境设计和室外工程	6. 相当于一星级饭店及以下标准的室内装修工程
			7. 技术要求复杂的工业厂房	7. 跨度小于30米、吊车吨位小于30吨的单层厂房或仓库；跨度小于12米，6层以下的多层厂房或仓库	7. 跨度小于24米，吊车吨位小于10吨的单层厂房或仓库；跨度小于6米，楼盖无动荷载的3层以下的厂房或仓库
			8. 相当于二星级、三星级饭店标准的室内装修工程		

（续上表）

序号	建设项目	工程等级特征	大型	中型	小型
2	住宅宿舍	层数	>20 层	12～20 层	≤12 层（砌块建筑不得超过抗震规范层数限值要求）
		复杂程度	20 层以上居住建筑以及 20 层以下高标准居住建筑	20 层及以下一般标准的居住建筑	
3	住宅小区工厂生活区	总建筑面积	>30 万平方米规划设计	≤30 万平方米规划设计	单体建筑按上述住宅或公共建筑标准执行
4	地下工程	地下空间（总建筑面积）	>1 万平方米	≤1 万平方米	
		附建式人防（防护等级）	四级及以上	五级及以下	人防疏散干道、支干道等人防配套工程

对于实际工程来说，依据经验，更常用的标准如表 1－2 所示。

表 1-2 常用的标准

特大型工程	合同总额在 10 亿元以上或建筑面积在 35 万平方米以上的单体房屋建筑，或总建筑面积在 45 万平方米以上的建筑群，或结构层数在 100 层以上或建筑高度在 350 米以上或构筑高度在 400 米以上的施工总承包工程
	合同金额在 1.5 亿美元以上的海外施工，承包工程型
	单项合同金额在 1.5 亿元以上的机电安装工程
	单项合同金额在 1.5 亿元以上的建筑装饰工程
	单项合同金额在 8 亿元以上的市政、路桥工程
	合同金额在 8 亿元以上或构件总重量在 8 万吨以上或建筑高度在 350 米以上或构筑高度在 400 米以上的钢结构工程
大型工程	合同总额在 5 亿元以上或建筑面积在 25 万平方米以上的单体房屋建筑，或总建筑面积在 30 万平方米以上的建筑群，或结构层数在 60 层以上或建筑高度在 200 米以上或构筑高度在 300 米以上的施工总承包工程
	合同金额在 8 000 万美元以上的海外施工，承包工程型
	单项合同金额在 8 000 万元以上的机电安装工程
	单项合同金额在 8 000 万元以上的建筑装饰工程
	单项合同金额在 4 亿元以上的市政、路桥工程
	合同金额在 4 亿元以上或构件总重量在 4 万吨以上或建筑高度在 200 米以上或构筑高度在 300 米以上的钢结构工程
中型工程	合同总额在 1.5 亿元以上或建筑面积在 10 万平方米以上的单体房屋建筑，或总建筑面积在 15 万平方米以上的建筑群，或结构层数在 35 层以上或建筑高度在 120 米以上或构筑高度在 200 米以上的施工总承包工程
	合同金额在 3 000 万美元以上的海外施工，承包工程型
	单项合同金额在 4 000 万元以上的机电安装工程
	单项合同金额在 4 000 万元以上的建筑装饰工程
	单项合同金额在 1.2 亿元以上的市政、路桥工程
	合同金额在 1.2 亿元以上或构件总重量在 1.2 万吨以上或建筑高度在 120 米以上或构筑高度在 200 米以上的钢结构工程
小型工程	达不到中型工程标准的工程

1.1.4 大型工程项目

"大型工程项目"是个很宽泛、很笼统的概念,国外学者亦叫做大型工程计划(program & programme)。一个大型工程项目可以包括很多项目(project),而一个项目又可以包括若干个子项目(sub-project)。大型项目与一般项目的区别表现为项目的规模不同、项目之间联系的密切程度不同、项目之间协调力度不同等。一些学者认为对区域经济、国民经济乃至全球经济能够产生重大而深远的影响,并对国防建设、重大科技探索、社会稳定、生态环境保护等有战略性意义的工程项目是大型工程项目,也有学者认为大型工程项目是由若干个相互联系的或相似的项目组成,以协调的方式管理以获得单个项目不可能得到的利益的一组项目,通常规模大、持续时间长。随着我国加入WTO,融入全球经济圈,以及改革开放与经济建设不断推进,国内工程项目的大型化趋势日益明显,工程项目具有涉及领域不断扩大、技术门类更加繁多等特点,其管理工作变得越来越复杂。为了界定工程项目的规模与范围,2004年由国务院颁布的《国务院关于投资体制改革的决定》中指出:重大固定资产投资项目是指由政府或企业出资,对国民经济和社会发展有重大影响,经国家有关部门审批或核准(含经其初审后报国务院备案)的重大建设项目。

当前国内外学者与工程项目管理专家对大型工程项目的定义与特点的认识尚未形成统一、规范、权威的文字描述,因此,如何界定一个工程项目是否属于大型工程项目,抑或对大型工程项目给出一个准确的定义，尚且困难。通过了解我国大型工程项目的进展现状和国家中长期发展规划，以及分析中华人民共和国建设部《工程设计资质标准》中给出的工程项目规模的界定，我们可以有一个更加清晰的认识。

1.2 大型工程项目的特点

工程项目是指按设计文件实施，经济上统一核算，行政上有独立组织并实行统一管理，完成后可独立发挥设计文件所要求的作用的项目，具有建设周期长、投资规模大、一次性等特点。

大型工程项目具有不同于一般项目的特点，投资规模巨大只是大型工程项目的特征之一，不能单纯地以投资总量的大小或者项目投资主体的大小来判断是否是大型工程项目。我国关于建设规模的规定，均依据国家计委（现国家发改委）、国家建委（现中华人民共和国住房和城乡建设部）、财政部计〔1978〕234 号文和国家计委计基〔1979〕725 号文规定基本建设项目大中型标准。目前大中型项目标准未变，但国家计委审批限额有所调整，根据国务院国发〔1984〕138 号文件批转《国家计委关于改进计划体制的若干暂行规定》和国务院国发〔1987〕23 号文件《国务院关于放宽固定资产投资审批权限和简化审批手续的通知》，按总投资金额划分的大中型项目，国家计委审批限额由 1 000 万元以上提高到：能源、交通、原材料工业项目 5 000 万元以上，其他项目 3 000 万元以上。由此可知，无论从时间还是空间方面考虑，所谓"投资巨大"只是一个相对的概念，并非绝对的概念。

大型工程项目是一个综合、复杂的系统，其产品和服务不但具有其自身独特的工程技术特点，还在其提供生产、使用或消费等方面表现出显著的经济和社会属性。目前，有关大型工程项目特性方面的研究十分有限，尚未形成统一、规范的结论。以下主要从工程技术属性和经济社会属性两个方面对大型工程项目的主要性质与特征进行归纳、总结。

1.2.1 工程技术属性

关于大型工程项目的工程技术属性，管理学界一般多从建设项目的固定资产投资规模、建设施工周期等技术角度出发，认为大型工程项目具有建设规模大、投资总量大、技术复杂等特点。但从整个工程行业的角度来看，大型工程项目还表现出如下五个显著特征。

1. 大型工程项目的建设周期长，实施风险大

大型工程项目经历可行性研究、立项决策、设计、施工准备、施工、动用前准备、运营的全过程，往往历时几十年，甚至上百年，如举世闻名的三峡工程，仅建设期就长达 17 年。项目周期如此漫长，不可预见的因素很多，要保证项目在既定条件下实现预期目标，不仅要求项目管理者要有卓越智慧和超人胆识，更要有一套科学而严谨的项目成功评价标准。

2. 大型工程项目的技术复合度高，需要特殊的组织协作完成

社会化大生产和专业化分工使得大型工程项目的建设可能有上百个单位参加，为此必须建立严密的项目组织。工程项目组织是一次性的，随项目确立而产生，随项目结束而消亡，项目参与各方之间主要以合同作为分配工作、明确责权的依据，而项目参与各方在项目实施过程中的协调就通过合同和项目的业务工作程序实现。因此，需要建立围绕专一任务进行决策的机制和相应的组织。

3. 大型工程项目的投资规模大，项目融资结构复杂

大型工程项目动辄需要数十亿元甚至成百上千亿元建设资金，其资金回收期通常需要 10 ~ 30 年，甚至更长。风险的增大要求投资者和参与方共同分担。BOT、PPP 等新的项目融资方式给各方提供了分担风险的可操作性途径；现代项目管理理论和合同管理理论的发展完善，也为大型工程项目参与各方共担风险、共享项目成功的利益提供了新的管理思路和可操作的合同模式。

4. 大型工程项目的信息交互强度大，涉及的交互群体较多

大型工程项目的成功很大程度上取决于项目参与各方间信息沟通的效率（efficiency）和有效性（effectiveness）。传统的工程项目建设实施采用在分工与协作关系基础上面向管理者的层级式纵向组织，它不但分隔了建筑生产的活动和过程，而且增加了参与各方间沟通信息及组织协调的复杂性，造成管理中的信息孤岛（information islands）现象，使项目参与各方处于孤立的生产状态。据统计，工程项目中 10% ~ 30% 的成本增加与信息沟通问题

有关。而在大型工程项目中，信息沟通问题导致的工程变更和错误占工程总成本的 10% ~ 30%。传统的信息沟通方式已远远不能满足现代大型工程项目建设的需要，因此，如何利用信息技术来提高大型工程项目信息沟通的效率和有效性是一项重要课题。

5. 大型工程项目的建设具有不可逆性，前期论证需谨慎

大型工程项目的建设属于一次性活动，只准成功，不能失败，这给项目建设带来很大压力。因此，大型工程项目的前期论证需要经过长时间的反复论证，从宏观经济、社会、自然环境等多个方面进行分析和决策，才能确定项目是否上马。

1.2.2 经济社会属性

关于大型工程项目的经济社会属性，可以从以下五个方面进行具体分析。

1. 大型工程项目具有明显的公共性，战略地位突出

大型工程项目大多具有公共物品的特性，其所创造的产品或提供的服务具有联合消费、共同受益的特征。大型工程项目建设的实施对区域经济、国民经济乃至全球经济都能够产生重大而深远的影响，对国防建设、重大科技探索、社会稳定和生态环境保护具有战略性意义。大型工程项目的成功实施有利于提高社会整体劳动生产率，降低生产成本，改善社会福利。

2. 大型工程项目的建设具有超前性

基础设施的先导性决定了大型工程项目对社会物质生产和人

民生活水平提高具有重要的基础性作用，在经济起飞阶段，政府应该对投资大型工程项目进行政策上的扶持，保障其超前性。超前性包括两方面的含义：一是时间上的超前，即在建设时序上，大型工程项目的发展应适度超前于国民经济和社会发展；二是容量上的超前，即在设计和规划的时候预留一定的富余量，避免项目刚刚建成，就成为阻碍经济发展的"瓶颈"。当然，超前量也不能太大，否则会造成资源浪费，不利于可持续发展。

3. 大型工程项目的实施具有自然垄断性

大型工程项目投资规模大，建成后具有耐用性、专用性和非流动性的特征。一旦投资，就会形成大量的沉淀资本，而变动资本比重较低，从而在客观上形成了市场进入障碍，即使没有管制，竞争者也不容易进入市场。另外，大型工程项目的社会功能和其所产生的效益非一般项目能比，这也是其具有自然垄断性的个显著原因。

4. 大型工程项目的建设经济风险巨大

大型工程项目往往较为复杂，具有许多不确定性，很难正确估计完成项目所需要的时间和资源。因此，项目历时延期、成本超支的情况是十分普遍的。英国著名项目管理专家梅乐对世界范围内52个随机抽取的大型工程项目进行研究，结果表明：大型工程项目的最终完成时间，平均比预期的要延期17%，而成本超过预算的情况更加普遍，平均达到88%（王卓甫，邱德华，2002）。如何将项目的成本控制在预定水平下，或者将风险带来的损失降至最低，这些都是现代项目管理研究中面临的重大课题。

5. 大型工程项目的利益相关方众多

大型工程项目在经济、社会和环境这三方面的影响同样深远，对任何一方面都不能忽视。因此，大型工程项目涉及的利益群体众多，既包括建设单位、勘察设计单位、承包商、投资人、材料设备供应商、监理单位、运营方、高层管理人员、项目员工、客户，也包括环保部门、工程项目所在社区、政府部门人员、新闻媒体、自然环境等。判断一个大型工程项目成功与否，必须从动态的眼光出发，考察项目的全寿命周期，区分项目所涉及的主要利益相关者和次要利益相关者，协调好这些主体间的利益关系，充分考虑各利益相关者合理的利益诉求，才能保证项目的顺利实施。

综合以上大型工程项目的特点，可以将其定义如下：大型工程项目，是指对国民经济、社会生产和人民生活具有重大意义的，对环境、生态系统的可持续发展能够产生深远影响的，对工程科技的进一步提高能够起到显著推动作用的一类大型公共项目的总称。

1.3　大型工程项目的未来发展趋势

1.3.1　信息化发展趋势

21 世纪是科技的时代，也是信息化的时代，信息化在大型工程项目的应用是时代发展的总趋势。信息化建设包括使用自动化控制技术、网络通信技术、智能信息处理技术、计算机技术等，运用信息技术对大型工程项目的实施方法进行改进，对施工过程进行监督和科学管理，有利于大型工程项目施工质量的提高和施工成本的降低。比如在大型土木工程项目中，信息化建设涵盖了土木工程的设计、地形勘测、图纸、施工、竣工验收的各个方面，在信息化技术的支持下，传统大型土木工程项目中的一些高难度工程项目变得易于实现，如大体积的混凝土结构的控制、高层建筑的垂直控制等工程的施工。由此可见，随着大型工程项目信息化程度的不断提高，信息化的应用范围必然越来越广。目前，信息化技术中的"3S"技术，即地理信息系统（GIS）、全球定位系统（GPS）、遥感技术（RS）三种技术结合，形成一个有机调控的整体，可对大型工程项目的施工进行动态的监督和调控。

1.3.2　自动化发展趋势

自动化的大型工程项目是建立在信息化技术发展的基础上的，一般来说，信息化技术的发展能够实现现场的动态控制，通过动态控制系统的建立，能够实现大型工程项目现场施工和监理的自动化。同时，自动化控制技术是将流水作业理念运用到施工中，在施工过程中采用成套施工技术，实现类似于工程施工的标准化生产，大力提高现场施工的效率，这是目前大型工程项目的重要趋势。

1.3.3　生态化发展趋势

大型工程项目的施工是人类利用和改造自然环境的方式，随着人类文明的进步，人们在利用和改造自然环境的同时，对于自然环境的保护意识也逐渐增强，在大型工程项目施工中对生态环境的保护已经成为人们关注的重要因素之一。现在，大型工程项目大力推崇环保节能型材料的使用，减少对自然环境的污染，同时，绿色施工工艺也被大力运用。生态化是未来大型工程项目发展的主旋律。

1.3.4　科技化发展趋势

科技是促进一切事物发展的动力，对于大型工程项目也是如此，要实现大型工程项目的自动化、智能化，就要注意科学技术的运用。在大型工程项目的施工中，越来越多的新技术、新材料被使用，例如大体积混凝土结构和高热混凝土的使用，给传统的大型工程项目施工技术带来了新鲜的血液，促进了大型工程项目技术朝着科技化方向发展。

1.3.5　大型工程项目施工空间实现多向发展

随着城市化进程步伐的加快，城市人口日益增多，城市用地紧张，这时，大型工程项目施工降低土地利用面积、实现多向空间发展的趋势应运而生。具体来说，大型工程项目施工向地下、高空及海洋、沙漠发展成为主要方向。

目前大型工程项目向地下发展已经有了具体的应用，城市地铁的建设就是一个典型的例子，通过利用地下空间，能够有效地提高土地利用率，又能缓解用地紧张的现象。除了城市的地铁交通建设，地下停车场、地下商业街也大力发展，丰富了大型工程项目地下发展的应用。高层建筑的日益增多是大型工程项目向高空发展的例子，为了实现土地资源的充分利用，大型工程项目高空化发展的趋势明显，例如国家石油公司的双塔大厦、迪拜塔等典型高层建筑。近年来，海洋资源的开发吸引了人们对于海洋建设的关注，海洋面积占全球总面积的70%，海洋资源的开发利用必将是未来发展的趋势。

2 大型工程项目风险控制存在的问题及原因分析

2.1 风险控制理论

2.1.1 大型工程项目风险控制的概念

在城镇化进程快速推进和基础设施建设快速增长的今天，我国建筑工程行业的发展一日千里，建筑工程规模不断扩大，个体建筑工程项目的规模增长也十分惊人，高达十亿元规模的项目比比皆是。本章所讲集中于投资规模巨大的大型工程项目，也就是项目规模超过 10 000 万元以上的，这可能与个别专业工程项目的界定存在一些标准上的差异。

关于风险，有些词典中的解释是一种造成损失或伤害的可能性。从项目管理的角度来看，风险可以理解为一旦发生就会对项目造成损失的潜在威胁，也可以理解为对项目全过程可能产生影响的不确定性因素，如项目筹资中利率和汇率的变化趋势、项目建成投产后产品的销路和售价等。风险是一种可能性，一旦成为现实，就叫风险事件。风险事件后果对于项目可能有利，称为机会；也可能不利，称为威胁或损失。任何项目都会有风险，人们从事项目活动看中的是机会，容易忽略的却是威胁或损失。而在工程项目领域，对于风险的定义则分为以下几种：美国项目管理协会的 PMBOK（项目管理知识体系）中将风险定义为"可以引起项目不能按计划完成的事件，是项目目的与项目成果之间的不确定性"。威廉姆斯在其著作中对风险进行了如下定义："基于给定的条件和时间，可能导致的未来项目成果发生变动。"邱菀华（2002）在对比各种风险的定义的基础上，将风险定义为"特定条件下由于各类不确定性导致损失发生的后果严重性和可能性"。风险不是一个单一角度的概念，对于风险的衡量应该包括风险的可能性度量和风险后果大小的度量。

根据以上描述可以发现，风险的含义包括两个方面：一是风险的出现意味着可能出现损失或者目标实现受阻；二是风险并不必然导致损失，损失是否出现是不确定的。风险的基本要素可以分为三个方面：一是风险因素的存在性；二是风险因素对事件结果作用的不确定性；三是风险导致的损失衡量的不确定性。对于大型工程项目而言，其生命周期较长、工艺流程更复杂，而且可能的外在影响因素更多，因此，大型工程项目的风险特征与一般工程项目相比也更复杂、更难把握，具体如表 2-1 所示。

表 2-1　大型工程项目风险特征和具体表现

风险特征	具体表现
客观性	大型工程项目存在着客观的、不可杜绝的风险，这些风险的存在不以风险管理者主体的意志为转移。风险因素可能是独立存在的，也可能是相互影响的，这些风险因素出现的条件一旦形成，风险就不可避免地出现。
随机性	风险的发生是必然的，但是又无法预测其发生时机，也无法掌握其发生规律，随机性较强，即使知道可能存在的诱因也无法预测。

（续上表）

风险特征	具体表现
综合性	大型工程项目的参与者众多，利益相关者之间的关系错综复杂，风险因素可能在各利益相关者之间相互转换，因此，其风险往往具备较强的综合性，导致需求来源的识别、风险损失的责任归属判断都极为困难。
关联性	大型工程项目存在较多的协同关系，使得项目工程内部各个环节之间形成了较高的关联度，这种关联性导致风险在项目内部出现蔓延趋势，也使得组合风险拥有更大的诞生可能。
高频性	由于生命周期较长，风险可能在项目建设期间频繁出现，同一类型的风险也可能多次出现。

2.1.2 大型工程项目风险控制的分类

风险无处不在，无时不有。风险可以从不同的角度进行分类，分类的目的是便于识别和管理。

（1）以风险事件后果来划分，有纯粹风险和投机风险。纯粹风险指只能造成威胁或损失的风险，例如战争、地震、洪水、车祸、疾病等。投机风险指既可能使人蒙受损失，又可能给人带来利益的风险，如投资活动中的风险、科学研究中的风险等。投资于项目的话，既可能遇上纯粹风险，也会有投机风险，但是项目风险应看成是投机风险。纯粹风险给项目造成的损失也就是给社会造成的损失。投机风险给项目造成的损失，却有可能使其他方面获利，因而整个社会不会蒙受损失或少受损失。例如政府投资基础设施项目，建成后政府亏损，但全社会受益。

（2）以风险事件性质划分，有自然风险、社会风险、政治风险、法律风险、经济风险和技术风险等。自然风险指由自然界力量导致损失的风险，如水灾、风暴、地震等。社会风险指人类不可预料的反常行为引起的风险，如盗窃、抢劫、罢工、动乱等。政治风险指由于政治或国家利益冲突而导致的风险，如战争、政府没收财产、禁运、制裁行动等。法律风险指与合同、执照、许可证、专利权、诉讼等有关的风险。经济风险指与币值、物价、汇率、利率、关税、原材料供应、产品销售、资金筹集和还贷有关的风险。技术风险指与项目的设计、施工、设备安装、调试、投产等技术方面有关的风险。

（3）以风险后果承担者划分，有项目业主（项目执行组织）风险、政府风险、承包商风险、投资方风险、设计和咨询单位风险。

（4）以是否可人为控制划分，有可管理风险和不可管理风险。可以预测并采取措施加以控制的风险称为可管理风险；反之，则为不可管理风险。

（5）以影响范围划分，有局部风险和总体风险。

上述各种风险对于建设项目都有可能遇上。对于建设项目业主单位可能遇到的风险有：

（1）财务风险。例如建设资金不到位，项目资金中外汇部分因汇率发生不利的变化而造成的损失。

（2）技术风险。项目选用的工艺、设备在项目建成时已陈旧过时；设计、施工单位技术和管理水平不高，缺少经验；对项目费用估算不准等。

（3）经济风险。例如项目建成后生产的产品遇上了强有力的竞争对手；由于人民购买力未达到购买本项目产品的水平而使产品滞销等。

（4）不可抗力风险。例如洪水。

（5）管理风险。例如由于缺乏经验和常识，没有签订对承包商有约束力的合同。

（6）政治法律风险。政府产业政策或环保政策的变化导致项目多交纳税款或追加投资。

（7）组织风险。项目业主若是联营体，则可能由于各合伙人对项目目标、应尽的义务、享有的权利等的理解、预期和态度不同而造成项目进展缓慢。即使在项目执行组织内部，项目管理班子也会因同各职能部门之间配合不利而难以对项目实施有效的管理。

从人对其认识和把握的角度来看，风险有如下性质：①随机性，风险事件可能发生，也可能不发生。一定发生或一定不发生，就不再称作风险事件。如果发生，其后果多种多样，每种后果出现的可能性也不相同，这种性质叫随机性。在风险管理中需要借助概率论和数理统计知识处理风险的随机性。②不确定性，指人们对风险事件造成的后果性质、程度和影响范围不能确知。随机性也是一种不确定性，但不确定性的含义要比随机性广。③连带性，指一种风险事件发生导致其他风险事件的发生，使项目蒙受多种损失或获得利益。

对于大型工程项目而言，风险一直存在于项目的各个阶段，无论是项目启动阶段、计划制订阶段还是项目实施与收尾阶段，都不可避免地面临各种风险。管理者通过对这些风险进行分析，对大型工程项目的风险认识会更加全面，才能有针对性地管理这些风险。对于风险可以从不同的角度进行分类，但是其结果往往相差不大，以下对于项目风险的分类是基于风险产生的原因以及风险的性质，如表2-2所示。

表2-2 大型工程项目风险分类表

风险分类	风险产生原因
政治风险	政治风险源于项目所处国家的政治环境变化。越是稳定的政治环境越有利于大型工程项目的建设，不用担心政策变化可能导致的巨大风险；而动荡的政治环境不利于大型工程项目的开展，给项目的利益相关者带来较大的压力，因为这种风险的影响是不可估量的。
经济风险	国家经济政策的变化也会给项目带来巨大风险，宽松型的货币政策所引起的通货膨胀可能导致施工方成本的大幅上升；货币贬值或升值都有可能给施工方带来一定程度的外汇损失；其他诸如税收政策等方面的变化也会造成项目额外支出的增加，带来项目主体的利益损失。
自然风险	项目实施过程中出现的各类自然灾害，如地震、泥石流、台风等，都属于自然因素范畴，可能造成工期延迟、人员伤亡和机械设备损失。

（续上表）

风险分类	风险产生原因
技术风险	勘探不全面、勘探失误、设计缺陷、引用新技术都可能给项目带来技术风险，尽管这些技术风险可以通过监理、内部评审等多种方式降低其发生的概率。
商务风险	大型工程项目的合同条款，也有可能给部分项目参与者带来经济风险，如项目款项的支付约定、工程变更约定、外汇约定等，这些风险的出现往往是由于合同中没有明确注明或者存在歧义，抑或合同一方故意设计了某些不利于对方的条款。
信用风险	由于某些项目参与者不具备参与项目的能力，如管理能力不足、技术储备不足等原因，导致该参与者无法履行合同约定，给其他项目参与者带来损失。
其他风险	公众习俗、环境保护要求、地方公共设施建设等都可能对项目的运输和生产产生影响，进而带来项目实施的风险。

2.1.3　大型工程项目风险管理策略

由于大型工程项目是集技术、经济、社会等多方面的综合性活动，在其长期的建设实施和运行过程中，项目内在因素和外部环境条件不可能一成不变，而项目的规划设计本身又只能建立在预测基础上，以正常情况或理想的技术和组织管理为出发点，预想与实际的偏差注定了项目风险不仅是不可避免的，而且是复杂多变的，只有依靠积极主动的风险控制措施才能有效地降低风险，使项目获得最大限度的收益。项目管理者可以通过合理运用四种主要的风险控制方法尽可能地削弱风险造成的损失，这四种方法分别为：①识别风险并予以减弱；②转移风险和分担风险；③影响和转换制度风险；④利用投资组合分散风险。根据风险的可控程度和风险影响项目的程度，我们将四种风险管理方法放在不同区间进行讨论，研究各种方法在具体条件下的适用性。

（1）当风险是内生时，即项目面临的是特定的和可控的风险，这时可以较容易地识别风险并利用传统的风险管理方法予以减弱。此策略的目标是降低风险发生的可能性或减少后果带来的不利影响，对于此种类型的风险，项目管理者可以在很大程度上加以控制，动用项目现有资源减少之。例如，可以通过调整施工的关键流程、加班加点赶工等措施减轻项目进度风险，或者在研发项目中抽调某研发小组中的部分研究人员和研究资金去支援另一研发小组，保证各研发小组的研发进度处于均衡状态，减轻项目整体研发进度的技术风险。

（2）当风险是特定的却不可控时，利用合同或协议转移并分散风险就成为一个合适的选择。此策略的目的是在风险事故一旦发生时，借用合同或协议，将损失的一部分转移到项目以外的第三方身上，具体的风险转移和分担的方式包括出售、发包、保险等。出售是通过买卖契约将风险转移给其他单位。例如，项目可以通过发行股票或债券来筹集资金，股票或债券的认购者在取得项目部分股权时也承担了·部分风险。发包就是通过从项目执行组织外部获取货物、工程或服务，从而把风险转移出去。例如，水电项目业主可以与电力公司签订《购电协议》和《上网协议》，将部分风险转嫁给电力公司。保险就是通过向保险公司交纳一定数额的保险费，将风险转移给保险公司。

（3）当风险难以识别并且处于有影响力的团体、政府或是有关管理部门的控制下时，就有必要利用影响将风险予以转换，使得风险处于项目管理者的控制之下。此策略的目的是通过项目投资人对项目所在国政府或相关部门施加影响，将项目外部不可控的制度风险转换为项目管理者可以控制并能减轻的风险。例如，投资人对项目进行投资或安排时，尽力寻求所在国政府、中央银行、税收部门或其他有关政府机构的书面保证，包括政府对一些特许项目权力或许可证的有效性和可转移性的保证、对外汇管制的承诺、对特殊优惠税收结构的批准认可等一系列措施。

（4）当风险对项目有着广泛的系统性影响，但可由项目管理者控制时，利用投资组合分散项目投资的风险。此策略的目的是通过投资投向的多元化和投资来源的多渠道，降低单个项目投资者的风险。例如采取多元投资和多种经营，而且这些多元投资和经营必须是弱相关或负相关的，以实现分散项目投资风险的意图，这也是资产组合原理在项目风险管理中的应用。还可采用合资经营的方式吸引更多投资人加入该项目，以使更多投资人分担项目投资的风险，但要使投资各方的投资比例、利润分配和风险分担安排得到一致同意也会面临很大的困难。

（5）当其他的系统性不可控风险已超出风险管理方法所能解决的范围时，项目投资者只能自愿接受风险事件的不利后果。自愿接受是在不得已的情况下采取的最后策略，在风险事件发生时采取其他风险规避方法的费用超过风险事件造成的损失，从而采用自愿接受的积极应对策略。自愿接受风险是最方便的风险规避方法，在某些情况下也最省钱，所以基于成本收益权衡考虑后的自愿接受风险策略也不失为一种有效的风险管理方法。

2.2 大型工程项目风险控制存在的主要问题

2.2.1 项目治理结构不完善，内部控制组织虚位

尽管我国已经从建国初期的计划经济逐步进入如今的市场经济，但是计划经济时代的很多理念仍然对企业的经营者产生较为深远的影响。时至今日，仍有不少企业的管理者对于企业本质的认识存在误区，对于大型工程项目管理也没有形成科学的认识，过度依赖行政领导。对于市场上的大部分工程项目管理公司而言，企业的管理层都没有起到应有的作用，很多上市公司尽管按照要求设立了董事会，引入职业经理人制度，却往往流于形式，董事会并未拥有实质的企业管理权力，更没有起到本应发挥的作用。就目前而言，我国大部分大型工程项目管理活动都是线性管理活动，是一种自上而下的纵向管理模式。该模式管理层次过深，使得部门之间的协调十分困难，企业内部的沟通效率低下，最终造成了企业经营发展力不从心的困境。企业的内控机制建设十分不完善，各部门均存在不同程度的权责不均，部分职能部门

的存在毫无意义。

不仅如此，即使部分上市公司的董事会、监事会等部门具备实际的企业管理权利，但是公司本身对这些部门的权责规定也存在不明确和不合理的情况，企业的人力资源管理也没有建立长效的引进人才和留住人才的机制。部分企业高层的做事风格仍然带有较强的政治色彩，对于大型工程项目的管理也就自然地偏向行政手段，科学管理的模式引入也就成了空谈。

2.2.2　风险控制体系缺乏科学性和连续性

调查显示，我国很多企业尤其是上市公司都在不断地建立和完善其内部控制体系，但是对于大部分企业而言，其内控体系往往不够科学，也不具备长期施行的可能性，主要存在以下问题：①内部控制系统不够完善，企业的内控体系不等同于企业的规章制度。内控体系是企业的一项长期的、可持续的战略规划，应该对大型工程项目的日常管理做出详细的规定和说明，而不能因为短期利益就选择忽视。大型工程项目如果没有良好的风险管控和行为约束机制，很可能导致项目出现失控，给企业带来极大的发展风险。②只注重事后控制。从一些企业内控机制的分析可以看出很多企业的内部控制都是针对项目管理问题的事后控制。针对项目管理过程中的违纪违法行为的处理说明是在问题发生之后才添加到企业的内控机制中，这种事后处理的机制对于大型工程项目而言所需成本太高，而且无法起到明显的内控效果。③企业内控机制中对于企业无形资源没有给予足够的关注。对于企业而言，内控机制更多的是为了确保工程项目的经济利益，很少注重对企业员工的人文关怀。优秀人才的流动对于任何企业而言都是一项重要风险，建设大型工程项目的企业也不例外。

2.2.3 项目会计监督不力，财务控制存在漏洞

会计监督机制是企业内控机制的重要组成部分，对于企业的内部控制而言十分重要也十分有效。但是，国内企业的会计管理都存在一定程度的问题，导致企业的账目信息真实度较低。不少企业在会计审批、现金管理等会计行为上存在制度层面的不规范，有些企业存在账实不符的现象，对于大型工程项目管理企业而言"小金库"现象则显得尤为严重，企业的资金和会计管理都无法进行有效控制。这些问题的产生与企业会计人员的职业素养、领导的行政干预等行为都有着不可分割的关系。存在的种种问题最终导致企业的财务控制严重不足，企业的财务报表严重失真，企业的资金安全得不到保障，企业的内控机制也就出现了明显的漏洞。

2.2.4 项目审计制度建设滞后

对于项目型企业而言，项目执行过程中和项目结项阶段的项目审计可以成为控制企业项目管理风险的有效手段，也是对企业内控机制的一种检验。对于大型工程项目管理而言，其内控机制的运行可以通过项目审计来给予保障。通过成立董事会直属的、

独立于项目管理团队的内部审计机构，可以较好地对企业大型工程项目的管理活动行使审计监督权，加强对企业内控机制的监督。大型工程项目的管理者针对项目的实际情况制定了符合项目实际的规章制度，这是项目得以顺利实施的重要保障，也是促进企业项目管理不断规范的有效措施。内控制度的建立是项目管理人员进行项目内控行为的依据，所有的内控人员都应该根据规章制度来规范自己的行为，从而真正发挥内控机制对于大型工程项目内部控制的作用。大型工程项目内控行为的规范性不能通过内控人员自行评判，而应通过引入内审机制，以保证内控人员行为的规范性。对于大型工程项目的审计应该贯穿项目的整个生命周期，这种内审可以定期或不定期地进行。企业应该根据项目规模、性质等项目关键要素制定相应的内部审计制度，使得企业内控机制能够不断地更新和完善。

2.3　大型工程项目风险控制存在问题的原因分析

　　大型工程项目风险控制存在的问题是企业在长期发展过程中，为适应企业外部和内部环境变化，不断调整其内部控制机制而产生的，对企业内部控制机制产生影响的因素主要包括制度因素、执行因素以及组织行为因素。

2.3.1 制度因素

很多企业的内部控制机制设计仍然停留在较为传统的状态，其内控制度明显落后于现实的经济发展水平，无法适应新的经济形势和新时代的社会发展。由于天生较为孱弱的基础，大型工程项目的内控机制也无法有效汲取营养，直接导致其内控机制不够完善。

2.3.2 执行因素

企业的内部控制机制在执行的过程中也往往表现得不尽如人意，管理层的决策到达执行层已经经过太多的层级，企业内部纵向层级过深导致企业内控措施的执行速度缓慢。层级过深也导致企业内部沟通不畅，内控机制的执行无法达到期望的效果，往往与设计者的初衷相差甚远。

2.3.3 组织行为因素

在人员方面，由于不少企业仍然保持了较为僵化的行政作风，人员的现代化管理水平明显不足，对于项目管控的风险判断也不够准确。加之部分企业高层内控意识不强，内控机制无法在企业的经营中得到有效应用。

1. 企业与员工行为的联系

企业是一个大组织，员工是组织中的一分子，企业与员工之间的影响是相互的。员工行为的正向发展决定企业的正向发展，因此塑造员工正向的行为对企业发展十分重要。而任何组织都有着自己的体制结构、政策要求、工作程序、行为规则、工作环境等，这些要素实际影响、限制并塑造着组织成员的心理趋向与行为模式，他们对于哪些是可以接受的行为、哪些是不可以接受的行为设定了具体标准。同时，组织需要从纵向方面通过设置不同的职位来安排不同的角色，并由此产生上下从属关系，这种关系对双方的心理与行为都会产生相应的影响，特别是上司拥有更大的评价员工绩效并控制奖惩的权力，这在很大趋势上能够引导对方的行为趋势。

2. 薪资对员工行为的影响

从心理学的角度来看，产生行为的直接原因是动机，而产生动机的原因有：一是内在条件，即需求。需求分两种：一种为维持生理机能的物质需求，一种是社会文化生活的精神需求。二是外来条件，即外来的刺激。薪资报酬可以满足员工的基本物质需求，在人们对物质水平要求不断提升的今天，有效地满足员工的物质需求十分重要。收入和社会地位可以更有效地对员工进行激励，让他们更努力地工作，且有效的薪酬管理体系在满足员工物质需求的同时可以引导员工行为的正向发展。而从马克思物质利益理论来看，物质奖励是必不可少的。

3. 工作环境对员工行为的影响

人的心理状况的发生以及由此而导致的行为方式，往往与行为主体对环境或某行为对象的看法相关，而这种看法主要是通过个体的知觉作用形成的。就此而言，对外部事物的知觉是人们行为的重要基础（不是以现实本身为基础），它影响着个体在不同情境下的行为方式。管理者承担着引导员工行为趋向的职责，为此需要实际研究人的知觉这种心理过程的活动规律，认识知觉与外部环境之间的微妙关系，从而能在管理实践中承担更加主动的行为引导者的职责。工作环境包括从工作地点、停车场的大小到办公楼、办公室或车间的设计等一切物质环境状况。其中，照明、噪音、色彩、音乐、温度和湿度等具体环境因素对员工满意度与工作效率有着尤为关键的影响。当工作环境让员工满意时，就能使员工拥有积极的工作态度，而态度对行为具有指导作用，积极的态度指导着积极的行为。

4. 人际关系对员工行为的影响

所有的企业或团体内部的成员，都十分关注其所处团队内部的人际关系，这是个体在团队中为了满足心理需要自然形成的一种关系。对于团体中的所有人而言，构造相互理解和信任的人际关系显得十分重要。融洽的社会心理气氛，使人产生开朗、乐观的情绪，激发工作热情；反之则容易使人压抑、孤独、苦闷，从而对工作、生活、人生产生逃避甚至对抗等消极态度。从社会人的角度来看，大多数员工不单纯满足于追求金钱，他们有超越生理的社会和心理需求，如追求人与人之间的友情和归属感，希望得到他人的信任和尊重等，那么在人们的实际生活中人际关系就必不可少。从社会知觉的角度来看，人际关系的好坏间接地反映着人的社会知觉。顾名思义，社会知觉是人作为社会的一部分对这个社会的知觉，主要是对其他人以及自己与其他人之间关系的知觉。也就是说个体的社会知觉包括对他人表情等外部特征的知觉，也包括个体与他人关系、信仰、观点等其他心理特质的推测。这些社会知觉都会对个体的行为产生重要影响。

5. 团队对员工行为的影响

现今社会，团队协作这一词变得非常流行，团队的影响越来越受到大家的重视。马克思指出"人是最名副其实的社会动物"，这说明人是群居动物，在工作、生活中往往需要加入或组建群体，群体的重要性不言而喻。而且群体组织对行为的影响有群体规范、群体压力和从众行为，这些对企业、员工而言，意义是非常重大的。

6. 企业文化对员工行为的影响

对于企业文化的最普遍观点是：企业文化的形成与企业的生产经营活动有关，这种文化是企业全体员工所认同的，员工会自发地遵守企业远景、价值观、经营理念等为企业所独有的文化，这些文化在企业的生产经营、管理、员工生活等各个方面都有体现。企业文化是一个企业存在的根本，是企业发展的灵魂和企业不断前进的动力。事实上，企业文化的内涵十分丰富，但是企业的价值观是企业文化的核心。企业的价值观更多的是指企业的价值观念，企业在所有的经营活动中都秉持这一观念，是企业生产经营的指导方针，而不是泛指企业内部存在的各类文化现象。企业文化对企业员工的影响虽然不如规章制度明显，但是这种潜移默化的影响可以很好地引导员工养成符合企业发展方向的行为习惯，也可以帮助员工提升工作热情，调节工作状态。

3 基于多目标规划大型工程项目主体行为风险机理研究

3.1 基于利益相关者视角的主体行为风险分析

利益相关者是企业项目管理的主要对象，对于大型工程项目管理而言，利益相关者自然而然地成为企业风险管理的重要方面。企业在整个项目管理过程中，都需要不断地与利益相关者进行各种形式的沟通和汇报，了解利益相关者对于整个项目的期望，并从利益相关者的角度去发现项目风险管理的不足。利益相关者对于项目的支持力度越大，项目风险就越小，项目的成功率也会越大。

3.1.1 风险特征分析

由于大型工程项目一般周期较长，而且项目整体规模庞大，利益相关者之间可能存在较为复杂的关系，各利益相关者的行为模式也可能存在较大的差异。但是总体而言，从利益相关者角度出发的项目风险表现为以下特征：

1. 普遍客观性

利益相关者的主体行为风险具备普遍性和客观性，是不以任何人的意志为转移的。造成这一普遍性和客观性的原因，既有外部的，如天气因素、宏观经济政策等；也有内部的，如企业组织架构、企业文化等。面对这些风险，项目的管理者无法做到杜绝，只能主动地去发掘和防范这些风险，充分利用自己的经验和知识，调整企业的行为以适应外部环境的变化，将风险的影响控制在最小范围，并尽可能地降低风险发生的概率和频率。

2. 不确定性

由于大型工程项目所固有的特性，如复杂度高、可复用程度低等，使得大型工程项目的风险存在较强的不确定性。一般而言，项目风险的不确定性可以分为五个层面，包括：主观预估层面、预估条件层面、项目整体设计层面、项目目标层面以及利益相关者层面。管理者在对大型工程项目的时间风险、进度风险、成本风险以及质量风险等进行评估的时候，会受到经验、分析能力、风险描述清晰程度等原因的影响，可能产生相当不确定的结果，无法准确地预料所有可能影响项目的事件。

举例来说，大型工程项目的目标就可能存在很大的不确定性，利益相关者在项目进行的过程中可能会不断地调整对项目的期望，使得项目的管理者不得不随时应对可能发生的来自利益相关者的变化。许多大型工程项目的建设过程都表现出这种项目目标的不确定性，如哈利法塔从 700 米的建设目标变更到 828 米，对项目的设计、进度、成本、技术创新等都造成了严重的影响，而项目管理者又不得不适应这一变化。利益相关者的主体行为可能导致项目目标具备非常强的不确定性。

3. 动态性

对于大型工程项目而言，项目周期长，整个项目的实施过程需要经历许多阶段，而项目各个阶段的工作内容、工作目标等都存在较大的差异。而且，项目管理者在项目实施的每个阶段都可能接触不同的利益相关者，需要协调各阶段利益相关者对于进度、质量、成本等各个方面的需求，在需求协调的过程中不可避免地出现一些影响项目进程的变化，使得项目实施过程的不确定性存在较强的动态性。可能上一阶段的风险刚刚得到控制又马上出现新的风险。

一般而言，项目风险的不确定性总是在不断降低的，因为项目进行的过程中对于整个项目的目标、质量要求等信息是在不断完善的，而管理者的风险分析能力也是在不断提升的。对于大型工程项目而言，其风险的变化大致如图 3 - 1 所示。

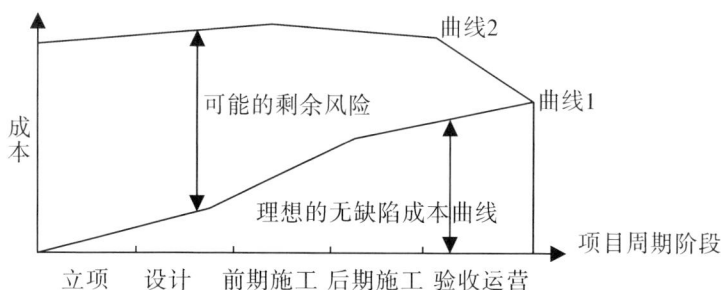

图 3 - 1　项目阶段风险变化

图 3 - 1 中的曲线 1 和曲线 2 分别表示项目的两条成本曲线，其中曲线 1 代表理想状态下的成本曲线，曲线 2 代表考虑了不同时期出现失误或差错可能带来的成本变化，可以看出，越是在项目初期出现失误，带来的成本影响越大。由此可以看出，如果项目在初期阶段因不确定性导致了风险的发生，那么为了应对风险所需付出的成本会大大高于项目后期风险发生时所需的应对成

本，也就是说这一成本是随着项目的进行而不断降低的。

4. 复杂性

大型工程项目之所以表现出很强的风险复杂性，主要是因为其风险具有很强的可变性，其结果往往具有较强的不可测性。不仅如此，项目团队的组织风险和项目的外部环境风险也具有很强的非线性特质。

大型工程项目主体所具备的个人特质、组织文化、地理环境条件等各种因素相互影响，构成了项目主体的行为风险。这种风险涉及利益相关者、项目管理者、项目参与者，这些个体都具有不同的需求、心理、企业文化等行为特征，这些特征不可避免地影响着整个项目群体，项目群体所具有的临时性组织文化也会对个体的行为产生影响，这种纵横交错的影响关系使得项目的管理具有较强的复杂性。

与客观风险不同之处在于主体行为风险非常不容易测量，也不像客观风险因素那样具备一定的重复出现概率，也不存在明显的均匀分布特性，因此模拟测试等仿真手段就无法应用于主体行为风险的测量。主体行为的不可测性和主观能动性本身就降低了使用概率方法进行测量的准确性，而大型工程项目本身的一次性特征等因素进一步加强了风险测量的不准确性。因此，目前对于主体行为风险的测量并没有有效的统计分析方法，通常依靠风险分析人的主观判断。

大型工程项目参与者众多，形成了一个临时性的多主体的利益综合体，参与者的经济人属性导致了大型工程项目这一利益综合体必然存在着各种各样的内部冲突。项目管理团队面临十分复杂的外部环境，必须不断调整团队行为以适应外部环境的变化。

由于项目风险存在较高的不确定性和不可预测性，项目管理团队
必须转变态度，拥抱变化，通过密切关注利益相关者的诉求、有
效的内外部沟通来掌控整个项目的节奏。尽管管理者不应试图控
制利益相关者的错误预期，但是仍然要尽可能地争取与利益相关
者达成可靠的预期。

5. 相对性

大型工程项目的风险不仅具备必然性，还具备一定的相对
性。项目风险的相对性与项目的具体目标、企业的规模、项目所
处的环境等各个方面都有着不可分割的联系。不同企业承受风险
的能力不同，面对不同风险所表现出的态度也可能大相径庭。同
样的外部环境变化，对于某些项目而言是有利因素，因为项目本
身可能具备迎合这种变化的能力，比如有些项目对环境保护的要
求较高，对于具备良好环境保护能力的施工企业而言就是有利因
素。设计的变更所导致的项目延期给设计方带来的影响远不如给
施工方和业主带来的影响大。项目团队所采取的应对措施可能对
项目方影响较小，却有可能给利益相关者埋下隐藏的风险。

6. 可管理性

相对于客观风险因素，主体行为的风险因素具备更强的可管
理性。项目管理者对于政策、环境等外在客观因素所能施加的影
响十分有限，预测风险发生的能力较弱。而管理者可以根据经验
和知识对项目主体的行为进行较好的预测，他们的经验和知识越
丰富，对主体行为风险的管理能力越强。不仅如此，企业还可以
通过制度、工作流程、企业文化等多种方式来增强与利益相关者

之间的信任和合作，形成良好的互动，进一步降低风险。

3.1.2　利益相关者视角下的风险分析

前文从利益相关者的视角对大型工程项目主体行为风险特征进行了分析，并对常见行为风险产生的根源进行了探讨。尽管主体行为风险具有明显的多样性和复杂性，但是在项目的实际管理过程中，部分风险的发生概率或者对项目的影响都很低，可以适当地选择对部分风险予以忽略。对于项目风险防范而言，为了避免风险发生而产生的投入不可超过风险发生时项目可能产生的损失，这是基本原则。根据以上描述，可以从利益相关者的视角，对大型工程项目风险建立多层次多目标规划模型。

1. 与业主相关的行为风险

与业主相关的风险主要有以下三个：环境风险、政策风险和人为风险。此处主要对项目行为主体关系密切的人为风险进行探讨，如表 3 - 1 所示。

"工程进度风险"是项目风险中最主要的风险，这一风险通常在项目形成阶段和可行性研究阶段就可能发现，管理者需要根据项目的实际情况合理地制订进度计划，并充分考虑可能出现的需求变更与突发事项。同时，项目计划的指定还应充分考虑成本与质量的平衡。"需求变更风险"一旦发生，可能对项目产生全方位的影响，而且这种风险发生得越早，给项目带来的影响越小，可能产生的风险成本也就越低，这种风险可能来源于业主自身或者沟通不畅等多种原因。

表 3 – 1　建筑工程项目业主常见行为风险

优先因子	风险类别	风险因素
P_{11}	工程进度风险	项目可行性研究不充足、项目时间太紧张
P_{12}	管理团队风险	领导力差、组织内部干扰过多、指令传达无效、执行力差
P_{13}	需求变更风险	业主频繁出现目标变更、业务需求识别不准确
P_{14}	融资风险	项目建设方出现支付能力问题，无法按合同要求完成各类款项支付
P_{15}	合同管理风险	合同存在条款不严谨、遗漏等问题，导致个别项目参与者的利益受到影响
P_{16}	欺诈风险	承包方伪造资质、伪造许可证等行为都会伤害业主方的利益
P_{17}	准备不足	需求方因无法及时满足所有的先决条件，导致施工方、设计方的工作无法及时开展，如申报进度延迟等

从项目业主的角度出发，可建立与业主行为风险问题的多目标规划模型如下：

$$\min z_1 = \sum_{i=1}^{7} P_{1i} \omega_{1i} d_{1i}^{+} \tag{3.1}$$

$$\text{s. t.} \begin{cases} x_{1i} + d_{1i}^{-} - d_{1i}^{+} = m_{1i} & (i = 1,2,\cdots,7) \\ x_{1i}, d_{1i}^{-}, d_{1i}^{+} \geq 0 & (i = 1,2,\cdots,7) \end{cases} \tag{3.2}$$

其中 z_1 为与业主相关的行为风险问题中的风险损失函数，是此多目标规划模型中的目标函数。在模型求解时，要求在满足 7 个目标和约束条件（3.2）的基础上，使风险损失 z_1 达到最小。

$P_{1i}(i = 1,2,\cdots,7)$ 为表 3 – 1 中与业主相关的 7 类风险中第 i 类风险的重要性级别，即多目标规划问题中的优先因子，也就是需要重点控制的风险顺序。优先因子可根据具体问题中这 7 类风险所造成的损失大小而定，风险造成的损失越大，此类风险就越应优先得到控制。$\omega_{1i}(i = 1,2,\cdots,7)$ 为 7 类风险中第 i 类风险的权重系数，$0 \leqslant \omega_{1i} \leqslant 1$（$i = 1,2,\cdots,7$）。一般情况下，权重系数可以由具体问题中某类风险发生的可能性大小（概率）而定，而此类风险发生的概率可由大量的统计数据拟合或回归得到。d_{1i}^{+}、d_{1i}^{-}（$i = 1,2,\cdots,7$）分别为 7 类风险中第 i 类风险的正、负偏差变量，由于决策的目标是控制风险，因此在多目标规划问题中，要求正偏差变量 d_{1i}^{+} 要尽可能小，越接近于 0 风险控制得越好；$x_{1i}(i = 1,2,\cdots,7)$ 为 7 类风险中第 i 类风险所可能造成的损失；$m_{1i}(i = 1,2,\cdots,7)$ 为 7 类风险中第 i 类风险的最大损失可承受值。

2. 与承包商相关的行为风险

承包商也是大型工程项目的重要参与者，其行为风险包括组织管理风险、合同执行风险、施工建设风险等，如表 3 – 2 所示。

表 3 – 2　建筑工程项目承包商常见行为风险

优先因子	风险类别	风险因素
P_{21}	组织管理风险	承包商缺少专业的现场管理人才，导致施工工序、作业规范等不符合项目现场的实际要求
P_{22}	竞争风险	项目信息缺失、招标文件失误、买标风险

（续上表）

优先因子	风险类别	风险因素
P_{23}	责任风险	承包商人员工作失误、疏忽或者个别员工的恶意行为
P_{24}	合同执行风险	合同中存在的不利条款或者定义不够明确的条款，以及遗漏的关于承包方责任的相关规定
P_{25}	施工建设风险	施工工艺不成熟，施工安全、噪声等控制不当，技术创新不足

"组织管理风险"主要指的是承包商不具备大型项目施工管理经验，现场管理混乱，缺少协调项目内部各利益相关者之间关系的能力，管理人员综合素质不够导致计划不充分等问题；"竞争风险"既包括投标过程中出现的信息错误，也包括投标过程中的报价失误、买标风险等；"责任风险"是指承包商内部人员由于个人工作失职所导致的损失，包括人员流失和物资损失等；"合同执行风险"主要是指项目管理方未能注意到合同中所存在的不利条款或者定义不够明确的条款，以及遗漏的关于承包方责任的相关规定；"施工建设风险"是指承包商可能选用错误的工艺、制订不可能实现的施工计划、施工安全管理不力等问题。

从项目承包商的角度出发，可建立与承包商相关的行为风险问题的多目标规划模型如下：

$$\min z_2 = \sum_{i=1}^{5} P_{2i} \omega_{2i} d_{2i}^{+} \tag{3.3}$$

$$\text{s. t.} \begin{cases} x_{2i} + d_{2i}^- - d_{2i}^+ = m_{2i} & (i = 1,2,\cdots,5) \\ \\ x_{2i}, d_{2i}^-, d_{2i}^+ \geq 0 & (i = 1,2,\cdots,5) \end{cases} \qquad (3.4)$$

其中 z_2 为与承包商相关的行为风险问题中的风险损失函数，是此多目标规划模型中的目标函数。在模型求解时，要求在满足 5 个目标和约束条件（3.4）的基础上，使风险损失 z_2 达到最小。$P_{2i}(i = 1,2,\cdots,5)$ 为表 3 - 2 中与承包商相关的 5 类风险中第 i 类风险的重要性级别，即多目标规划问题中的优先因子。优先因子可根据具体问题中这 5 类风险所造成的损失大小而定，风险造成的损失越大，此类风险就越应优先得到控制。$\omega_{2i}(i = 1,2,\cdots,5)$ 为 5 类风险中第 i 类风险的权重系数，$0 \leq \omega_{2i} \leq 1$ $(i = 1,2,\cdots,5)$；d_{2i}^+、d_{2i}^- $(i = 1,2,\cdots,5)$ 分别为 5 类风险中第 i 类风险的正、负偏差变量，与（3.1）中的多目标规划问题类似，要求正偏差变量 d_{2i}^+ 尽可能小，越接近于 0 风险控制得越好；$x_{2i}(i = 1,2,\cdots,5)$ 为第 i 个风险类别的风险损失；$m_{2i}(i = 1,2,\cdots,5)$ 为 5 类风险中第 i 类风险的最大损失可承受值。

3. 与设计方相关的行为风险

与设计方有关的行为风险包括：在项目设计阶段由于业主方的需求变更、沟通不足等原因可能导致"设计变更"。设计方人员的经验、知识储备以及对风险的态度都可能导致对项目的成本预估与进度预估不够准确，给施工单位等其他利益相关者造成不利影响。同时，如果设计方对于施工现场的勘察出现问题，也可能会影响项目的实施进度，导致项目实施风险的发生。具体如表 3 - 3 所示。

表 3 - 3　建筑工程项目设计方常见行为风险

优先因子	风险类别	风险因素
P_{31}	资源勘察风险	未出具准确的检测报告，延迟出具检测报告
P_{32}	成本进度预估风险	设计方经验不足，知识水平低，沟通能力差，风险意识不足
P_{33}	设计变更	设计存在缺陷，业主需求变更，沟通不足

从设计方的角度出发，可建立与设计方相关的行为风险问题的多目标规划模型如下：

$$\min z_3 = \sum_{i=1}^{3} P_{3i} \omega_{3i} d_{3i}^+ \qquad (3.5)$$

$$\text{s.t.} \begin{cases} x_{3i} + d_{3i}^- - d_{3i}^+ = m_{3i} & (i = 1,2,\cdots,3) \\ x_{3i}, d_{3i}^-, d_{3i}^+ \geqslant 0 & (i = 1,2,\cdots,3) \end{cases} \qquad (3.6)$$

其中 z_3 为与设计方相关的行为风险问题中的风险损失函数，是此多目标规划模型中的目标函数。在模型求解时，要求在满足 3 个目标和约束条件（3.6）的基础上，使风险损失 z_3 达到最小。$P_{3i}(i = 1,2,\cdots,3)$ 为表 3 - 3 中与设计方相关的 3 类风险中第 i 类风险的重要性级别，即多目标规划问题中的优先因子。$\omega_{3i}(i = 1, 2,\cdots,3)$ 为 3 类风险中第 i 类风险的权重系数，$0 \leqslant \omega_{3i} \leqslant 1$（$i = 1, 2,\cdots,3$）。$d_{3i}^+, d_{3i}^-$（$i = 1,2,\cdots,3$）分别为 3 类风险中第 i 类风险的正、负偏差变量，与（3.1）及（3.3）中的多目标规划问题类似，要求正偏差变量 d_{3i}^+ 尽可能小，越接近于 0 风险控制得越好；

$x_{3i}(i = 1,2,\cdots,3)$ 为 3 类风险中第 i 类风险的风险损失；$m_{3i}(i = 1,2,\cdots,3)$ 为 3 类风险中第 i 类风险的最大损失可承受值。

4. 与监理方相关的行为风险

与监理方相关的行为风险包括：监理工程师未按照合同约定完成监理职责，在工作过程中可能出于对自身经验的自信而发出超出施工范围或合同约定的指令，导致成本提高或工程质量下降，给业主和施工方带来损失。监理工程师在工作中还有可能出现因疏忽导致关键监理工序没有执行等情况，导致产生质量风险和安全隐患，如表 3-4 所示。

表 3-4　建筑工程项目监理方常见行为风险

优先因子	风险类别	风险因素
P_{41}	履约风险	检测指令不对或出现检测失误等情况
P_{47}	道德风险	虚假检测、消极怠工、与承包商沆瀣一气
P_{43}	违规风险	行为不符合国家或行业对于监理的相关规定
P_{44}	管理风险	组织机构不健全、员工专业技能差、管理团队能力不足

由于监理单位的组织机构不够健全、监理人员的专业技能不足、监理团队的管理能力不足等，可能产生"管理风险"。若监理工程师存在虚假检测、消极怠工以及与承包商沆瀣一气的作假行为时，都会导致业主利益受损，产生"道德风险"。

从监理方的角度出发，可建立与监理方有关的行为风险问题的多目标规划模型如下：

$$\min z_4 = \sum_{i=1}^{4} P_{4i} \omega_{4i} d_{4i}^+ \qquad (3.7)$$

$$\text{s. t.} \begin{cases} x_{4i} + d_{4i}^- - d_{4i}^+ = m_{4i} & (i = 1,2,\cdots,4) \\ x_{4i}, d_{4i}^-, d_{4i}^+ \geqslant 0 & (i = 1,2,\cdots,4) \end{cases} \qquad (3.8)$$

其中 z_4 为与监理方相关的行为风险问题中的风险损失函数，是此多目标规划模型中的目标函数。在模型求解时，要求在满足 4 个目标和约束条件（3.8）的基础上，使风险损失 z_4 达到最小。$P_{4i}(i = 1,2,\cdots,4)$ 为表 3 - 4 中与监理方相关的 4 类风险中第 i 类风险的重要性级别，即多目标规划问题中的优先因子，也就是需要重点控制的风险顺序。$\omega_{4i}(i = 1,2,\cdots,4)$ 为 4 类风险中第 i 类风险的权重系数，$0 \leqslant \omega_{4i} \leqslant 1$ $(i = 1,2,\cdots,4)$。d_{4i}^+, d_{4i}^- $(i = 1,2,\cdots,4)$ 分别为 4 类风险中第 i 类风险的正、负偏差变量，与上述（3.1）、（3.3）及（3.5）中的问题类似，要求正偏差变量 d_{4i}^+ 尽可能小，越接近于 0 风险控制得越好；$x_{4i}(i = 1,2,\cdots,4)$ 为 4 类风险中第 i 类风险的风险损失；$m_{4i}(i = 1,2,\cdots,4)$ 为 4 类风险中第 i 类风险的最大损失可承受值。

除此之外，还有一些其他利益相关者的行为风险。譬如，分包商可能同时承接多个分包项目，在分包商内部进行资源分配的过程中很可能出现资源分配冲突，导致某一项目的资源分配不合理，低于分包商资源的平均水平。对于政府机构而言，烦冗的审批程序或者不透明的审批流程都可能对项目工程的整体进度产生影响，导致承包商无法及时进场施工，造成承包商成本费用支出的提升。项目管理人员应当保持与政府机构的积极沟通，摸清整个审批过程并做好充分准备，确保能一次性提供所需材料，避免出现审批延迟的现象。

上文在利益相关者视角下，分别对项目业主、承包商、设计方、监理方4个方面可能产生的风险分别建立了多目标规划模型，这是第一层次的规划模型。第二层次中，在以上4个模型的基础上，可建立综合风险的规划模型如下：

$$\min z = \sum_{i=1}^{4} \alpha_i z_i \qquad (3.9)$$

$$\text{s. t.} \begin{cases} z_i \geqslant 0 \quad (i = 1,2,3,4) \\ z_1 \text{ 满足}(3.1) \text{ 及}(3.2), \\ z_2 \text{ 满足}(3.3) \text{ 及}(3.4), \\ z_3 \text{ 满足}(3.5) \text{ 及}(3.6), \\ z_4 \text{ 满足}(3.7) \text{ 及}(3.8) \end{cases} \qquad (3.10)$$

其中 α_i $(i = 1,2,3,4)$ 为项目业主、承包商、设计方、监理方四个方面所可能产生的风险的权重系数，$0 \leqslant \alpha_i \leqslant 1$ $(i = 1,2,3,4)$，可由这四个方面的风险可能造成的损失大小决定。

3.2 基于社会网络分析的项目主体行为研究

项目主体行为的产生与项目的内外部环境以及组织内其他项目主体行为都有着密切的关系，认识这种关系有助于进一步分析项目主体行为的风险。在对项目主体行为进行分析的过程中，可以充分借助个体行为心理分析的相关理论。在科技迅速发展的今天，借助通信技术与个体之间日益紧密的联系，对于个体行为的研究必须结合社会关系研究的相关方法，如此才能更真实地反映项目主体行为的原动力和影响。个体从本质上而言并非一种固有抽象物，而是反映了个体与其所处社会的关系。所有处于社会之中的个体，其行为都反映出个体与所处社会之间的关系，这种关系可以分为先天赋予和后天选择两种。个体或者组织存在于社会中，都必然与社会中的其他个体或组织产生强弱不一的相互关联，通过个体间的相互作用、彼此交换等实现信息和影响力等资源的共享。

近年来发展较为迅速的社会网络分析（social network analysis，SNA）方法，在社会生活、经济政策、国家治理等各个领域都有广泛应用，这一学科尤其注重对行为主体间相互作用的分析，包括定性分析和定量分析。本书在对大型工程项目主体行为以及社会网络关系的研究中应用了 SNA 方法，对于分析项目管理者和管理利益相关者以及项目风险都有启迪作用。

3.2.1 利益相关者关系研究的几个经典模型

弗里曼在 1984 年出版的《战略管理》一书中，对组织及其利益相关者的关系进行了深入分析，认为二者应该是一对一的简单关系，企业处于各利益相关者的中心，企业与各利益相关者之间存在双向联系，不仅如此，企业与各利益相关者之间的关系也是相对均等的。根据弗里曼理论所构造的企业与利益相关者关系如图 3 - 2 所示。

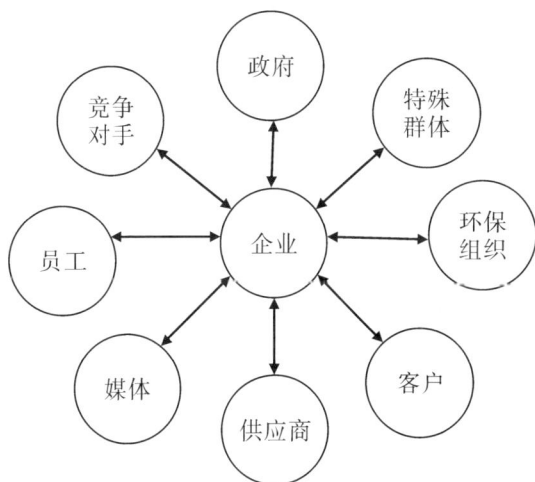

图3－2 利益相关者战略关系

弗里曼理论所形成的利益相关者关系图存在以下不足：①该理论的研究中心为企业，更多地关注利益相关者对于企业的影响，却没有注意到企业对利益相关者行为的反作用，事实上二者应该是一种互相影响的关系。②各利益相关者之间不存在相互影响，这明显与现实情况不符，实际上各利益相关者形成联盟对企业施加影响的情况屡见不鲜。③利益相关者对于企业的影响不可能是均等的，必然存在影响力强弱的区别。④企业无法完全准确地认知利益相关者的诉求，也不可能做出完美的应对，利益相关者与其自身的利益相关者之间的复杂关系很难被企业识别。⑤图中企业处于中心位置，事实上许多情况下企业处于关系的边缘位置，与利益相关者发生了对调，此时应如何管理这种关系呢？

Mitchell 等人基于弗里曼的研究提出了利益相关者显著模型，

对利益相关者的显著性进行了分析，并指出了利益相关者的三种特别属性——影响力、合法性和迫切性。利益相关者显著理论根据利益相关者所拥有的属性对其进行了种类划分，并指出项目管理者在对利益相关者进行管理的过程中可以根据这些种类分析制定相应的管理办法。该理论对于双向关系的描述是一种巨大进步，但仍有其局限性，仍属于二元分析范畴。直到 Rowley（1997）将社会网络分析引入利益相关者行为分析之中，才真正跳出了二元分析的限制。不仅如此，利益相关者的特性并非一成不变而是动态变化的，这表示其对企业的影响也处于动态变化中，而以上模型都无法反映出这种量能变化。

对于利益相关者的研究主要包括两个方面：其一，对利益相关者的范围和各自边界进行界定；其二，通过分类的方法对利益相关者的关系进行研究，这更容易理解。从研究目的来说，这些研究都是为了发掘利益相关者背后隐藏的根本诉求，从而形成基于利益相关者的管理决策。总结起来，利益相关者理论是通过对利益相关者、利益相关者类型及其相互影响的类型进行分析，为管理者制定决策提供依据。企业与利益相关者之间存在的双向互动、双向依赖以及双向作用关系，对于企业行为、利益相关者主体行为都会产生影响。对于任何组织而言，尽管其制订的方案可能得到大部分利益相关者的支持，也使其利益得到了满足，但是仍可能对个别利益相关者的诉求造成伤害，而这部分利益相关者的行为又往往会给组织带来巨大的压力，譬如拆迁。利益相关者之间形成的这种社会关系会对利益相关者个体和组织都会产生约束，而组织和利益相关者构成的这一团体的行为也将受到社会这一更大的"组织"的影响。

Oliver 在 1991 年提出了资源依赖理论，该理论认为所有的组织事实上都是一个行为连续体，在响应利益相关者的过程中，组织以被动和主动两种方式完成对外界利益相关者的响应。组织通过制定策略或设计组织规则制度可以完成资源在各利益相关者之间的分配，实现对利益相关者的掌控，这属于资源依赖性范畴。而在其他情境下，组织除了接受外部压力别无他法，如法律、政策、社会群体利益要求等都属于组织必须服从的范畴，组织的生存离不开法律法规和规章制度的支持。

因此，组织在制定其行为策略时所受到的来自组织以外的压力是显而易见的，组织为了生存必须积极面对这些压力并进行正面的反馈，从而实现组织行为的连续性。资源依赖理论认为那些掌握资源的个人和组织所制定的规则是组织所受到的主要外部压力，同时期的其他学者也有类似观点。

Rowley 在总结利益相关者研究成果并引入社会网络分析之后，提出了利益相关者社会网络分析模型。该模型将网络密度以及网络组织中心度作为利益相关者研究的两个重要指标，将利益相关者的影响分为四种类型：妥协型、从属型、指挥型和独居型，如表 3 – 5 所示。利益相关者社会网络分析模型从本质上来说是研究了利益相关者的网络结构对组织所产生的压力以及可能给组织带来的风险。

Rowley 的基本论点包括：①利益相关者对于组织的影响力与其网络密度成正比。②利益相关者越靠近组织网络的中心位置，与组织关系越密切，组织受其影响越强。③在网络密度较高且利益相关者与组织关系密切的情况下，组织很可能选择妥协，会积极寻求与利益相关者的协商和谈判。④在网络密度较低且利益相关者与组织关系密切的情况下，组织对于利益相关者行为的控制会更明显，降低利益相关者的期望。⑤在网络密度较高且利益相关者与组织关系不密切的情况下，组织对于利益相关者的期望会尽可能地满足。⑥在网络密度较低且利益相关者与组织关系不密切的情况下，组织会尽可能地回避利益相关者。

表 3 - 5　利益相关者影响结构划分：组织对其压力的响应

		目标组织中心度	
		高	低
网络密度	高	妥协型	从属型
	低	指挥型	独居型

Rowley 在进行利益相关者分析的过程中对社会网络理论加以利用，这种全新的研究方式已经摆脱了二元分析的桎梏，形成了一种分析利益相关者对组织行为影响的全新框架，该框架不仅注意到项目参与者对项目所产生的直接影响，也关注到项目参与者所形成的关系网对组织所产生的影响。首先，该理论对个体行为的关注度明显降低，而对于利益相关者关系网的关注更多，更关注后者对组织产生的影响力。其次，该理论对于利益相关者的分析不仅仅局限于与组织有直接关联的利益相关者，还包括与组织有间接关系的利益相关者，如隐性利益相关者。

利益相关者社会网络模型也存在一定的局限：①该模型的分

析结果是一种描述性结果，有待通过实证方法进行验证。②该模型的分析维度是二维的，这种二维分析模型是否已经考虑了所有的实际情况存在疑问，分析维度如何量化也没有明确的说明，势必会降低该分析模型的适用性。③模型对于利益相关者个体的分析选择了直接忽视，未免过于一刀切，在实际应用该模型的过程中，需要在一定程度上加入利益相关者的个体分析，这样分析结果才能更全面。

3.2.2 社会网络分析的基本要素

社会网络学是一种社会结构的分析方法。1954 年 Barnes 在对社会阶级体系进行分析时提出了这种社会结构分析方法。Barnes 指出社会网络是所有行为主体以及主体之间相互关系所构成的集合，包括主体和关系两个要素。社会网络的行为主体既包括个人，也包括企业组织、政府机构，社会网络分析的目标是发现行为主体之间的关系模式以及这些关系所表现出来的现象。根据社会网络学理论，行为主体在其所处的社会网络中的相互作用形成了一种基于特殊关系的规则，这一规则是该社会网络所具有的一种固有属性，通过对该网络结构进行定量分析可以更好地理解和预测其群体行为。因此，社会网络学的分析重点既包括行为主体、行为主体的关系，也包括行为主体关系的特有模式，其研究方法与传统的数理统计分析也有明显区别，如图 3 - 3 所示。

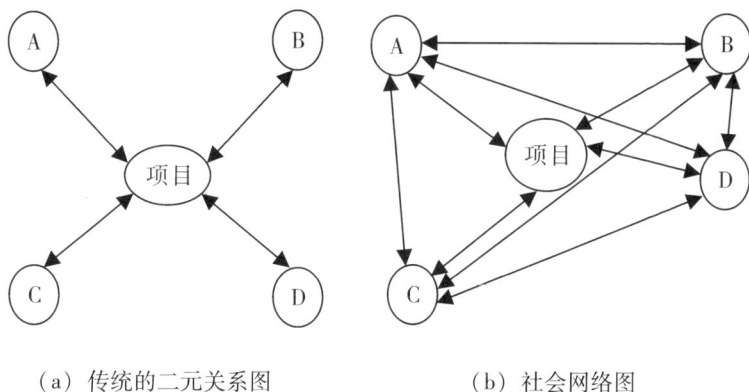

（a）传统的二元关系图　　　　　（b）社会网络图

图3-3　网络结构关系示意图（一）

社会网络学的提出衍生出许多的相关概念，如网络密度、场力、对称关系等，尽管部分概念的认可程度并不广泛。此处仅介绍与本章分析相关的几个关键概念。

（1）Actor：行为主体。行为主体是社会网络结构图中的一个个结点，对于不同的研究对象而言，这些节点可能有不同的表述，如个体、群体、组织等。在大型项目工程中，行为主体包括项目的业主、承包商等参与者，他们都是这个项目的利益相关者。

（2）Tie：关系。关系是行为主体之间的相互关系，这种关系有时候也被表示为连线、关联。关联是一种抽象关系，这种抽象关系发生于事物之间或事物与其自身之间，属于一种社会科学范畴的概念。而在社会网络学中，关联仅用来表示行为主体之间所存在的互动以及行为主体之间的联系。行为主体之间通过联系实现资源的传递和共享，如交易、物流、信息流等都是通过关系进行。

（3）Density：网络密度。网络密度是指行为主体形成的社会网络关系的稠密程度，一般的计算方法是用行为主体实际构成的关系数量除以行为主体可能构成的关系数量。如图 3－3（a）是传统的二元关系图，行为主体之间的关系数量为 4，而行为主体可能构成的关系数量为 10，其网络密度为 0.4。如图 3－3（b）是社会网络图，行为主体与项目、行为主体与行为主体之间都可以构建关系，存在的关系数量为 10，其网络密度为 1，这种类型的网络也叫全联网（clique）。

（4）Centrality：中心度。中心度指的是主体与其他主体的相对位置，通过这种相对位置可以表示出主体的影响力大小。社会网络学对于行为主体的影响力更关注其由于网络结构位置不同而获取的非正式影响力，而非行为主体因制度等获取的正式影响力。

对于行为主体中心度的测量，可以通过三类指标来完成，包括关系度、临近性和中介性。

"关系度"是对行为主体关系的度量，行为主体与越多的其他行为主体发生相互作用，则该行为主体的关系度就越高。关系度越高的行为主体获取其他行为主体或组织信息的渠道就越多，使得主体更有可能提升其影响力。

"临近性"是对主体之间关系距离的计算，可以使用网络分析中的最短路径方法完成"临近性"的计算。例如，在图 3－4（b）图中，A 与 D 的最短路径为 1，而 A 与 J 的最短路径为 3。理论上来说，主体与其他主体之间的关系距离应尽可能的近，也就意味着沟通效率更高、沟通成本更低。对于大型工程项目而言，临近性的提升对于工期缩减、降低成本开支都有显著的作用。

"中介性"是对行为主体位于其他两个行为主体之间频率的测量。在图 3-4（a）图中 A 行为主体就是 X 主体和 Y 主体的中介，X 主体与 Y 主体之间的沟通需要通过 A 主体来完成，A 主体在一定程度上掌握或控制了 X 与 Y 主体的沟通。不难看出，"中介性"是对行为主体控制其他行为主体能力的度量。中介性越高的行为主体控制力越强、影响力也越大，如图 3-4 所示。

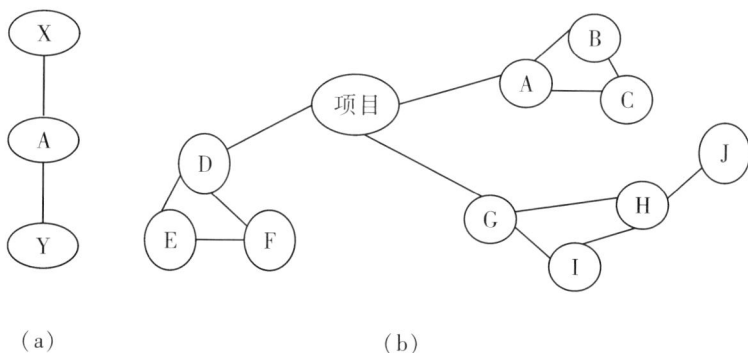

（a）   （b）

图 3-4　网络结构关系示意图（二）

3.2.3　社会网络分析视角下的利益相关者关系

社会网络学理论认为，组织的利益相关者关系并非普通的二元关系，利益相关者之间通过相互作用形成了一个社会网络，项目组织的利益相关者不仅仅与项目组织发生直接关系，利益相关者之间也必然存在直接关系。许多大型工程项目的业主都对承包商提出了一些要求，规定承包商之间不可以在合同规定之外另行分包。然而分包商之间的分包行为比比皆是，给项目目标的实现带来了较大的风险。分包商作为利益相关者就发生了与其他利益相关者的直接关系，这些关系的存在必然对整个项目的进行产生影响。学者们在对利益相关者进行研究的过程中发现，利益相关者之间所形成的错综复杂的多边关系也成为项目环境的组成部分，使得项目环境更加复杂。如果换个角度，将项目组织与其他利益相关者看成相同的普通节点，而不是想当然地将其置于中心位置，那么项目组织的位置可能发生显著变化，项目组织的行为将成为导致这一变化的重要因素。利益相关者之间相互作用所构成的网络在社会网络学中被称为"场"，"场"的存在可能会给组织带来舆论、声望等压力，舆论可能进一步影响项目所处的外部环境，如政治环境。项目的所有参与者都是社会网络分析中的行为主体，也形成了一定的社会关系。它们都将受到"场"的约束。社会网络学的研究包括个体行为、个体相互作用构成的关系以及这种关系对个体所产生的影响。

在社会网络学中，所有的行为主体都不是独立存在的，其存在必然依赖于其他行为主体，行为主体之间的关系是资源和信息在行为主体之间传递的基础。个体的行为受到个体所处社会关系位置的影响和制约。在传统二元关系研究方法中，个体的行为动机、个体心理、个体价值观等特征是其主要研究对象，其数据统计方法也往往要求个体充分独立。而在社会网络学中，分析测量的对象是关系，是行为主体之间存在的关联，这些关联的关系不可避免地存在于群体之中，无法根据个体性质进行显著区分。从另一个角度来说，社会网络学所研究的关系数据是针对群体而不是个体的。因此，在对项目利益相关者关系进行研究的过程中就应该充分收集以下两种数据：反映利益相关者个体的属性数据以及反映利益相关者关系的属性数据，如中介性、关系度等。

对于大型工程项目风险的不确定性而言，其利益相关者形成的社会网络中，外部压力所能带来的风险不确定性自然是最大的。大型工程项目外在风险的源头多是资源的掌控者或者规范的制定者，个别情况下其他利益相关者联合起来也可以达到这种效果。在对这种利益相关者共同作用进行分析时不能简单地进行累加，而应该分析各利益相关者在其中的位置及影响力，才能更好地制订组织行为决策。行为主体通过相互作用所形成的"自组织"网络结构拥有其独有的群体行为特征和场力，群体的存在反过来也会影响行为主体的行为。通过剖析"自组织"网络结构关系，可以实现微观和宏观两个层面的主体行为研究。

利益相关者所构成的社会网络使得其影响力得以传递，个别情况下这种影响力的传递，会使得利益相关者对于项目的重要程度发生显著变化。对于大型工程项目而言，其项目审批的决定因素可能是项目自身的合法性，然而个体利益相关者所形成的"自组织"团体很可能通过给政府施压的方式达到影响项目的目的，使得原本并不重要的利益相关者变成最重要的利益相关者。根据社会网络学理论，行为主体之间的连接密度越高、信息沟通成本越低，形成"自组织"的可能性就越大，行为主体对于组织可能产生的影响的变化也就越不确定。如果利益相关者形成了共同的目标，这些利益相关者就会给项目组织带来一致性的压力，这种压力将使得组织的计划执行变得十分困难，对其他利益相关者造成影响。项目管理者需要积极应对这种压力，必要时只能选择妥协。

事实上，对于利益相关者因共同目标而形成的一致性压力，项目管理者理论上是可以预知到这种风险的。项目管理者在对利益相关者进行分析时，就应该充分注意个别利益相关者或者利益相关者群体的意愿，就可能出现的风险与利益相关者进行充分沟通，确保利益相关者的诉求得到满足。不要试图通过掩饰、逃避等方式对利益相关者的诉求置之不理，这样反而会造成利益相关者的诉求升级，给项目带来更大的风险。

格兰诺维特（Granovetter）曾在其研究中提及交易成本与信任度的关系，他认为交易成本的高低很大程度上是由交易双方的信任关系决定的，信任关系自然能对管理策略等主体行为的选择产生影响。所有的经济行为都发生在一定的社会网络中，因此，一个理性的管理者在做出决策的过程中，必须考虑其所处的社会关系网络，考虑人际关系、社会环境以及信息通道的影响。因此，管理过程所面对的信息不对称风险并不完全是由于信息不对称造成的，也可能是由于对社会网络关系的重视程度不足。因为信息的传导很大程度上依赖于社会网络关系，所以对于主体行为风险的分析也必然要基于社会网络分析。

3.3　基于复杂性理论的项目主体行为风险分析

项目管理理论认为项目是一个有着明确目标和实施标准的管理过程，其参与者往往是一个临时性组织。项目的这种定义表现了项目三个方面的特征：其一，项目必须是理性的、必须遵循一定的规范；其二，对于项目的研究属于实证研究范畴；其三，可以将项目分解用于项目范围的管理。

传统的项目管理研究多针对项目的"存在性"，更关注项目的"表现形式"，较少关注项目的"变化特征"，缺少对项目管理的边界、意义构建等反面的研究。一些项目管理理论的专家指出研究项目的"变化特征"比研究项目的"存在性"更有意义，在"变化视角"出现了大量的创新项目管理理论，复杂性理论就是一种较为普遍的应用。

3.3.1　复杂性理论研究的内容

项目管理复杂性理论主要关注项目管理如何从复杂的行为和组织结构中发现秩序和创新，这一理论强调项目结构的复杂性会使得项目管理更加脆弱，而简单的项目管理结构可以更好地应对计划的变更。在外部环境出现相同变化的情况下，一个有着复杂结构的项目将受到外部环境变化的影响更大，项目的结构会变得非常难以控制，项目的稳定性大打折扣。Lucas 认为学者们在研究项目管理时，将项目管理的复杂性大大简化将会导致研究结果的无效性，而引入复杂性思想则可以解决这一问题，并促使学者们思考更多其他的替代方案。复杂性理论主要包括系统思维理论、有机思维理论和关系思维理论。

非线性系统在某一特殊条件下会表现出其复杂性，这种复杂性通常表现为系统的一种混沌行为，而混沌行为的发生往往是在系统达到某一临界条件时才会出现。不仅如此，这种复杂性只有在非线性系统中才更容易发生，而线性系统则极少存在。非线性是对系统内部因素的一种描述，对于影响因素较多的系统，这些因素相互影响对系统自身发生了一种非线性作用，由于这种复杂非线性作用的存在导致任何系统初始状态的变化，都有可能对系统的整体行为产生不可预估的影响，使得系统表现出混沌的状态。大型工程项目往往具有复杂系统的明显特征，利用系统复杂性理论对项目管理方法的有效性进行分析的时候，可以认为在这种非线性的复杂碰撞中可能涌现出对具体项目十分有效但又不在预期之内的方法。传统的项目管理观念对于组织行为的线性描述，简单确定了组织行为对于项目成果的秩序性。而在复杂性理论中，组织的行为是极为复杂的，并不遵循某一固定模式，因此其结果是不可预测的。但是，在系统的某个局部可能会出现违反这种复杂性的秩序行为，尽管另一个系统局部可能正处于混沌状态。

对于复杂性理论的研究广泛存在于数学领域、物理学领域和生命科学领域，这些研究都基于一个共同概念——"适应的情境"，理解这一概念对于复杂性理论在项目管理理论的应用研究非常有帮助。

3.3.2　项目管理的复杂性特征

项目管理的复杂性表现在三个方面：①项目主体形成了一个临时性组织，并且都具有主观能动性，也可以很好地适应环境的变化。②项目主体合理分工、不断学习和创新，在项目管理过程中做出了一个又一个决策。③复杂性项目管理理论的出现较好地平衡了批判现实主义和构建主义，较好地促进了项目管理理论的研究。

Lucas（2000）在对复杂性项目的行为进行描述的过程中引入了 18 个全新概念，如涌现、自组织、自修正等。Bertelsen（2003）进一步将 Lucas 引入的概念中的 14 个进行了分类，这些概念被分为主体的自主性、价值的不确定性和系统的非线性，这种分类方式更有助于复杂性理论的研究者理解其在项目管理领域的应用。事实上，Bertelsen 的这种分类方式巧妙地将复杂性项目的管理与精益生产理论进行了结合。行为主体所拥有的主观能动性导致其对环境变化具备适应能力，而风险价值的不确定性则意味着可能产生的价值创造，系统的非线性则对应了精益生产中的企业管理流程变化。

1. 项目的复杂性特征

项目的复杂性包括了项目主体行为的不可预测性以及对主体行为模式认知的复杂性，在对项目的复杂性进行界定的过程中始终绕不开对人的行为的界定，也就不可避免地涉及人本理论。Thompson 认为项目主体之间的复杂关系是导致项目复杂性的根本原因，项目主体的行为都是在与其他项目主体的互动中不断调整的。项目主体之间相互作用而形成的关系网从根本上导致了项目复杂性的产生，而这种相互作用在项目生命周期内将持续产生影响，使得项目的复杂性不断提升。因此 Thompson 认为项目复杂性与主体行为、主体间的关系以及主体与外部环境的相互作用密不可分。项目复杂性分类如图 3-5 所示。

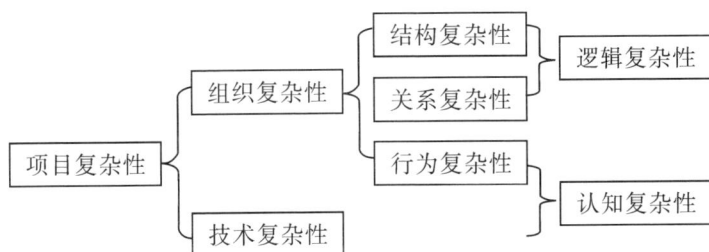

图 3-5 项目复杂性分类

Baccarini 认为项目管理的各个方面都可以应用复杂性概念进行分析，例如项目组织结构、项目信息、项目内外部环境以及项目决策等。他认为项目的复杂性应该分为组织复杂性和技术复杂性两种。

在将系统理论与项目复杂性分析相结合的过程中，研究人员发现了项目复杂性的最主要特征——"差异性"和"相互依赖性"。不仅项目组织结构表现出明显的差异性，项目主体相互关系以及项目主体的个体行为也都表现出明显的"差异性"，而项目组织结构以及项目与环境的互动关系则表现出较强的"相互依赖性"。

　　Willianms 从结构复杂性和不确定性两个维度对项目复杂性进行了分析。项目的结构复杂性是项目自身结构导致的，受组织规模的影响较多，与项目的"差异性"有更为密切的关系。项目的"不确定性"不仅与项目各利益相关者的目标有关系，还与项目管理者对项目进行管理的方式方法有密切的联系。而且，项目内在的复杂因素以及项目的不确定性又存在着相互作用，这种相互作用也在一定程度上反作用于项目的复杂性，使得项目在系统层面拥有更严重的复杂性。理论界对于不确定性的研究包括两个方面：偶然因素导致的不确定性以及项目参与者认知因素导致的不确定性，针对前者管理者往往制订了应急计划，而后者的出现主要是因为管理者缺乏应对特定风险因素的经验。

　　2. 项目的非线性特征

　　大型工程项目组织是一个有着复杂内部结构的系统，此类项目在应对外界环境的变化时，其表现可能千差万别，譬如自组织、蝴蝶效应等。对于项目而言，即使是做同一件事情，也无法确保每次都能得到相同的结果。因为执行过程中的细微差别都可能对结果造成很大的影响，使得结果存在较大的差异性，而这种差异却并非可以通过差异的大小来进行简单衡量的。

　　由于此类项目内部因素较多，导致其复杂性必然存在，项目实施过程中这些因素不断对项目产生作用，这种非线性作用导致项目的最终结果也会表现出不同程度的非线性特征。根据项目复杂性理论，不存在两个完全相同的项目，项目成功的方法也必然都是独一无二的。秉持传统项目管理理论的线性项目管理方法对于环境变化，和项目主体交互作用对项目产生的影响明显存在重视不足的问题。Jensen（2006）在其研究中指出，能够对项目管理的决策产生重大影响的因素主要可以分为两个方面，即项目环境和项目主体的行为，二者的变化都可能影响管理决策和项目产出。Engwall（2003）也承认项目管理活动很大程度上受到项目主体的影响，项目主体的行为以及项目主体之间关联关系的复杂性都是项目管理活动密切关注的因素。同时，管理者应注重对项目环境的考察，对于项目管理的认知应当更加开放、更注重项目与情境的紧密联系。对于两个相似工程项目而言，一旦利益相关者的态度发生变化，就会导致项目设计等活动出现明显的变更，并对项目管理者的行为决策和项目的最终结果产生不可预测的影响。

由于项目组织是由众多项目参与者构成的临时性结构，这种结构往往具有一定的不稳定性。这一结构中的部分成员若发生变动，那整个组织内参与者的个体行为模式、群体行为模式都会发生细微的变化，这些变化都将影响项目计划的执行。项目复杂性理论认为，在项目管理的初期，管理人员无法预测因项目复杂性所导致的非线性项目结果。对于可预测的部分，项目管理人员可以针对具体问题制定相应的管控流程或应急预案。而不可预知的风险对于管理者来说尤为棘手，甚至可能演变成"项目失控"，并对项目管理团队造成较为严重的影响，自然也会影响到项目的进度和最终结果。

项目的非线性特征会导致项目管理活动的混乱和项目组织的不稳定，由于未能事先考虑环境因素和主体行为模式的变更，常规的项目控制手段很可能无法生效。

3. 项目的涌现性特征

项目的涌现性定义了项目在应对环境变化的过程中自然而然出现的一种全新的组织行为模式或特性。研究发现，自组织系统在运行的过程能够始终保持一种远离平衡的状态，尽管系统始终存在与外界的物质和能量交换。这种远离平衡的状态将放大系统内部随机事件的影响，从而出现系统层面的全新行为模式或秩序。

项目所具有的复杂性使得项目的最终结果也会呈现这一涌现性特征。对于某一特定项目而言，在项目初期具备同等价值的方案经过系统的自组织过程之后可能出现方向完全相反的两种结果，其结果可能是向上的，也可能是向下的。

项目实施过程中，项目主体始终处于不断学习、不断适应项目环境的过程中，项目主体之间也在不断地沟通与协调，不断追求最佳的项目实施和管理方案，实现利益相关者对预先设定的项目目标。

从更高的角度来看，所有的工程项目都可以看作行业内的一个适应性主体，而整个行业的所有项目构成了一个更高层面的系统。每个项目都具有其时间维度和空间维度，项目与项目之间也存在着相互作用，项目管理团队之间存在着相互竞争的关系，这种竞争也导致整个行业内部不断涌现新理论、新技术，这种"涌现"出现于更高的理论层面，对于整个行业的进步产生了良好的促进作用，也使得利益相关者有机会获得更高的价值。

对于大型工程项目这类复杂性系统，其特点包含如下几点：①项目的参与者在学习能力和适应能力方面都有着较好的表现，在项目活动中都能发挥自身的主观能动性。②项目参与者之间的差异明显，可能存在价值观冲突。③复杂系统的状态是动态变化且始终远离平衡的，系统内部呈现出一种较强的非线性特征。④项目自组织能力来源于项目主体的进化学习能力和适应转换能力，主体间的相互作用以及主体与环境的相互作用使得系统的自组织能力增强。⑤虽然项目是由参与者组成的临时性组织，但是从更广义的概念来说，项目系统又是稳定的。在更长的时间范围来看，缺少一种能够对组织造成重大冲击的必然因素。项目管理团队或整个行业都有协作的意愿，组织的结构也保持着相对稳定的状态。

工程项目所具备的上述特征，使得工程项目具备全部复杂性系统特征，也为创造新的系统行为模式创造了"涌现"条件。

4. 项目的不确定性特征

项目的复杂性和不确定性可以说是"鸡与蛋"的关系，无法确定二者的因果关系。有些学者认为不确定性应该是系统复杂性的一个维度，不应该单独作为项目的特征；有的学者则认为是系统的复杂性引发了不确定性，应当将不确定性提升到更高的层面；还有学者认为二者根本上就是两个完全不同且相对独立的概念。

根据前面分析，项目的唯一性、项目组织的临时性和项目环境的多变性都导致了项目的实施过程存在较大的不确定性。项目的不确定性并不一定带来风险，但是这种不确定性却使项目组织者十分困扰，企图尽量降低这种不确定性，避免给利益相关者带来风险。

De Meyer 等（2002）将项目不确定性来源分为四种，即项目变更、系统混沌、概率可预测和概率不可预测。在以上四种项目不确定性中，项目变更是可以被及时监控到的，而且其影响通常也是可以度量的；可预测发生概率的不确定性可以通过制定应急预案的方式来预防风险的发生，即便风险出现也不会对项目的运行产生重大影响；不可预测发生概率的不确定性多为项目因素的复杂耦合所导致，利用整合方法可以在一定程度上对此类不确定性进行转化，降低项目风险。

但是，上述几种方法在混沌状态所引起的项目不确定性应用中则存在较强的局限性，这些方法的应用要求项目的状态相对稳定，而混沌状态下项目并不满足这一条件。应急计划之所以无法在混沌状态的项目中使用，主要是由于混沌状态使得项目的结构发生根本性变化，这种变化导致项目团队必须对项目的目标、范围、计划等进行重新界定。

5. 项目的相关复杂响应过程

相关复杂响应过程（related complex response process，简称RCRP）这一理论是由 Stacey（2001）提出的组织复杂性问题解决办法。RCRP 理论采用一种面向过程的分析方法来研究组织的行为，并认为组织所具备的群体思维与主体所具有的个体思维是两种十分重要的研究对象，要求在对组织主体进行行为分析时要充分使用社会分析方法。RCRP 理论对于项目主体行为的自反思性质和组织行为演化的不可预测性给予了较高的关注，同时也积极发掘项目主体对于项目管理活动的响应。从研究方法的角度来看，RCRP 理论十分注重项目主体行为间的作用与反作用，对对话主题的形成过程以及主题可能带来的变化、创新等也给予了充分关注。

RCRP 理论的提出离不开个体社会学和过程社会学分析的相关理论。根据 RCRP 理论，项目组织和项目主体在项目中所出现的各种"涌现"可能并非来自自主意愿，而是一种相互作用的结果，实际上正是组织内部的这种相互作用使得涌现不断出现才导致了组织的变革。从一定意义上来说，组织的变革就是组织内个体行为的复杂作用所导致的。对于任何组织而言，沟通都是组织内部极其重要的一种活动，而且是十分复杂的活动。沟通活动不仅仅涉及对语言的运用，其反应往往较为复杂，沟通双方的社会状态、影响力、沟通水平等都会使得沟通出现完全不同的结果。组织主体的行为都可以看作对自己或他人行为的一种反应，主体之间行为的相互反应构成了组织的社会行为，在这种行为的相互反应中产生了经验，经验的积累也使得"涌现"这一复杂行为的出现成为可能。组织内部通过不断发生这种行为反应，为组织的个体创造一个相对熟悉的上下文场景。个体在组织中的行为都需要根据这一上下文做出选择，其行为的效果与组织上下文有着较强的关联关系。因此，组织内部的个体都在一个确定的上下文中不断协调各自的行动来形成一种联合行动，这种联合行动是一种持续构建的活动。

组织内的个体之间存在着持续的相互作用，这种相互作用表现为沟通、协同、冲突等个体间的交互活动，每个人都不可避免地影响和制约了其他个体，同时也受到其他个体的影响和制约，从而使得整个组织的行为无法通过一种科学方法实现精准预测。

对于组织内的个体而言，其行为往往表现出一种复制和趋同过程，个体在组织内的交互过程是一种学习的过程，组织过去的成果、组织的制度和组织文化等都会逐渐烙印到个体身上，由于个体特性、吸收能力等各方面的不同也导致了创新的出现。

RCRP 理论认为组织的个体在参与组织内沟通的过程中往往具备一种"自组织"能力，而且个体的主观意念与其行动往往无法预测。组织内个体的"自组织"能力进一步使得组织的复杂响应过程更加无序化和不可预测化。但是该理论的提出者认为事实上组织内部仍然存在某种未知的逻辑规律使得组织的部分行为是有序的和可预测的。

组织个体所具备的"自组织"能力与个体和组织的经验、组织内相关工具和技术的应用以及个体的感知能力具有一定的内在关联。Winter（2006）将个体自组织能力的形成称为"意义建构"（sense making），这一概念描述了个体在组织内的活动以及与活动的相互作用对其原有知识结构形成了一种修正和构建的过程，所有的新知识和经验都被融入个体的知识结构，使得个体能够不断丰富其认知结构，强化其认知能力。

3.3.3 复杂性理论在项目管理中的应用分析

复杂性理论在项目管理领域的应用仍处于一种蓬勃发展的状态，越来越多的学者尝试从这一视角去认知项目管理，探讨项目的本质，尝试摆脱本体论对于项目管理研究者的束缚。Soderlund（2004）在其研究中表示，研究人员对于项目的认知并不具备足够的说服力，目前所构建的项目管理理论体系并不能对项目进行全面的描述。他认为复杂性理论在项目管理理论领域的应用对于项目管理的理论认知和项目实践都有十分积极的意义，可以对意义构建、复杂性分类、管理风格应用情境等进行更加深入的研究。

1. 项目主体行为的复杂性分析

项目主体的行为在项目存续期间一直保持较高频率的相互作用，而这种相互作用的过程可以认为是沟通的过程，其中涉及言语沟通、书面沟通等各种沟通方法。存在于项目主体间的相互作用拥有一种持续性特征，其行为在相互作用的过程中会根据反馈结果创造出新的行为或者发生某种变化。项目的组织结构、沟通方式、项目管理工具和项目计划等关键因素会对所有项目主体的行为产生影响，而这些关键因素事实上又是项目主体行为相互作用的结果。

由此看来，项目系统内部时刻发生两种不同的行动，一种是按照预先设定的项目目标展开项目行动；另一种是项目主体根据具体的项目情况做出理性选择。在相关复杂响应过程中的一个重要利益相关者是项目的管理团队，管理团队需要根据项目的实施情况不断确认当前任务和下一步计划，并根据项目环境的变化及时调整项目管理方法和项目实施策略，为项目目标的实现寻找最好的实施策略。在项目复杂响应发生的过程中，会持续地出现各类自组织行为、创新行为模式，项目管理者需要思考这些"涌现"所带来的项目控制问题以及管理者角色作用等问题。

项目管理团队对于项目主体的各种情绪也要关注，尤其是

"焦虑"（anxiety）情绪。项目组织的临时性、组织文化和个体行为的多样性、个体行为结果的不可预测性等因素都可能使项目主体产生"焦虑"情绪。根据复杂性理论的描述，项目组织如果是重复与过去相似的项目，其项目计划和项目管理方法能发挥的有效性就更强。但是在实际操作中，项目组织往往会处于持续的变化和创新中，这使得管理者在面对相似项目的情况下也无法准确预测项目的结果，因为因果关系发生了变化，将来的情境与团队过去的行为已经不存在必然的联系。对于项目管理者而言，其管理方法有效性也面临着矛盾。管理行为必须遵循现有的管理制度，但是复杂性项目的实际情境又自然而然地产生"涌现"，尽管这些"涌现"非常具有创造力和发展前景，却不可避免地会对现有的管理制度造成冲击。许多的项目管理者仍然在使用着传统的计划技术和项目分解技术，尽管这些技术的适用性已经明显不足，但是对于解决组织内部的"焦虑"情绪却起到了一定的作用。有学者建议在项目管理中引入心理学分析方法，以便更好地解决组织内部的"焦虑"情绪。

2. 项目的自组织过程分析

复杂系统在其生成与发展的过程中，为了适应外部环境变化而自发产生的行为被称为自组织行为，这种行为中很可能包含创新行为。那些与组织现有结构、制度、经验等完全不同的、由组织行为主体产生的"涌现"就是自组织能力的表现。行为主体通过改变自身状态的条件可以达到更好地适应组织环境变化以及组织内其他行为主体的能力，使得组织内部的协作能力更强，也为组织和自己争取到更好的生存机会。

由 RCRP 理论可知，复杂系统的状态处于不断变化之中，而且系统局部可能表现出完全不同的两种状态，使得系统在同一时刻具备两种截然相反的属性。从整体而言，项目组织是稳定的，但是在项目组织的局部往往存在大量的无序行为，这些无序行为构成了组织内部的"非正式网络"。这种"非正式网络"内部的行为主体所产生的关联在某些条件下可以自发地影响组织的行为，甚至提升组织的创新能力。所有组织中均存在的进化过程就是由组织内部存在的这些局部无序行为所引发的，组织的进化往往代表着组织内部的某些全新特性由局部"涌现"到组织整体，这些进化都是事先无法预测的，也是无法计划的。如此一来，管理者陷入了如何应对组织创新的谜题。

对于管理者而言，在组织创新领域，直觉和推理是两种可以有效运用的工具。管理者需要对组织内部自组织行为所产生的"涌现"给予充分关注，并依靠直觉和类比来判断是否需要将这些创新行为展开到整个组织，尽管这种展开的结果是无法预测的。当组织进入到一种混沌状态并在内部诞生了"非正式网络"之后，对组织内部因焦虑所产生的冲突、对话等行为加以疏导和展开，就能形成百花齐放的局面。因此，系统内部的细微变动也是不可忽视的，尤其是当这些变动经过内部的持续反馈之后，更有可能发展成为影响组织的重要力量。项目管理者在对项目的利益相关者、行为主体、项目环境等进行管理的过程中应该密切关注这种反馈与作用过程，如此才能不断调整组织的战略、优化组织的结构。

3. 项目利益相关者的关系分析

根据 RCRP 理论，项目的结构只是一种临时性、社会性的聚合体，其组织结构并没有经过精心的设计，只是利益相关者之间相互作用才形成了项目的结构性特征。利益相关者因项目发生相互沟通，并从沟通中不断地完成自我的复制与转换，项目存续期间的所有关系人都可以看作利益相关者，包括与项目无直接关系的外部关系人，如政府、环境保护组织等。利益相关者之间权力关系的形成也是基于其相互的沟通与合作，而利益相关者本身也在该权力关系形成过程中发生着被动变化。

项目的权力并不完全存在于管理者或者个别行为主体手中，而是存在于利益相关者相互作用的过程之中。RCRP 理论认为组织中的个体和整个组织都处于不断转换的过程，个体不断认同整体的变化，而整体也需要不断接纳个体与其之间存在的细微差别。这种认同与接纳的过程往往表现为一些经验的积累、技术的引入抑或制度的形成，通过这些表现使得利益相关者可以感受到这些认同和接纳，才能在组织内部形成更好的合力。而始终无法认同整体的那些个体，也将渐渐不被整体接纳，直至离开组织。这种认同行为也可以用来对利益相关者的趋向进行划分。

从概念上讲，既可以认为项目是社会实践所产生的一种中间产物，也可以认为项目是社会实践的最终结果。在 RCRP 理论的观点中，权力、情感等因素都是项目结构形成中的重要因素。项目实施的过程也是利益相关者趋同一致的过程，这种趋同在利益相关者之间的日常沟通中都有明显体现。

管理者在应用 RCRP 理论实施项目管理过程中要注重沟通的

模式、反馈形式以及组织内部的意识形态。米德在其认知理论中指出认知能力在复杂环境下更容易产生，越是复杂的环境越容易产生智慧，而孤立的环境很难诞生智慧，可以认为人类的认知能力是在整个社会的进化过程中一并进化的。

同样，管理者在对项目主体行为的风险进行分析的过程中，也要始终依托于行为产生的环境和历史经验，对项目主体行为风险的管控自然也需要加强对这些环境因素和历史因素的考量。管理者通过对项目行为主体和项目环境的分析是可能获得控制项目风险的方法的。

4. 对项目管理及领导力的启示

项目的可预测风险需要项目管理者制订合理的计划，不可预测风险则需要管理者发挥创造性的控制能力，这两个方面需要管理者形成良好的平衡，尽可能地降低项目的复杂性。Cliiers（2002）认为，项目主体的认知体系、行为模式和项目情境之间存在着的辩证关系共同决定了项目的复杂度，试图根据项目经验去预测下一个项目的成功方法无疑是徒劳的。项目管理者应时刻保持对项目情境的敏感，敞开思想拥抱变化和新观点，使项目得以成功的方法自然涌现。

一些学者对管理者的风格与项目的类型进行了分析，认为管理者的领导艺术对于项目的发展和实施效率发挥着重要的作用。从复杂性理论的角度来看，尽管项目管理者可以制订较为周密的计划，抑或发挥其领导才能对利益相关者产生影响，但是这些都无法达到控制项目结果的目的。项目管理者也是相关复杂响应过程的一部分，应充分发挥其参与力，做出对情境变化的正确反应。

除此之外，项目管理者还应保持持续创新的动力，尽管无法预测结果，甚至项目可能会失控，但是创新过程给所有利益相关者带来的焦虑正是促进成功方法涌现的机遇。管理者还应学会通过非正式渠道对其他利益相关者发挥影响力，鼓励项目内部的非正式组织对项目的进展发挥正向促进作用，保持项目内部顺畅的沟通，创建一个拥有创新环境和创新氛围的新型组织。因此，管理者对组织内部各种冲突现象的掌握和研究显得十分重要，也十分有利于其更有效地管理组织内部的各种边界。不仅如此，领导力可能在各行为主体之间动态转移，这与组织内部的非正式关系、情感需要和任务安排都有密切关系。

5. 对项目管理的研究方法

复杂性理论并非项目管理研究的主流理论，与主流理论所主张的决定论、线性论不同之处在于，复杂性理论并不认为可以找出组织行为产生的特定原因和组织行为所能带来的结果。因此，复杂性理论认为组织行为的结果具有完全的不可预测性。复杂性理论的出现对于项目管理理论产生了巨大冲击，非线性、不确定性等新特性被认为是项目管理的真正特性。项目本质上是一个复杂性系统，应用复杂性理论来对项目非线性关系进行管理十分有必要。

还原论对于项目管理的假设论证往往采取组织截面数据研究法，研究者通过访谈、问卷调查等多种方式获取具备代表性的组织数据，这些数据先天性地存在一些可靠性偏差。首先，组织成员的自我陈述一般基于成员信奉的理论，而且陈述者本身可能存在言行不一致的可能。其次，组织成员的认知能力在其处理组织内部事务的时候并没有完全表现出来，这一结论已为心理学研究证实。再次，很多隐性知识很难用言语表达，也就很难成为收集数据的一部分，进一步影响了数据的可靠性。最后，这些组织数据都是一些近似数据，都是根据线性特征进行了处理，而这种处理与系统本身的非线性特征是矛盾的。因此，这种通过组织截面数据验证的还原论，其叫靠程度是很受质疑的，应用还原论得出的经验和方法对于组织未来的项目管理也没有太大的作用。

因此，对于项目管理的研究应充分注意组织行为的不规则性与组织类型的合法性，对组织行为模式所产生的影响进行深入研究，而不仅仅去探寻一种线性的因果关系。根据复杂性理论，任何基于历史结果的研究都不可能完成对未来项目的预见，也不可能形成创新的项目管理方法，但是应用复杂性理论对组织行为特征进行深入研究却可以在一定程度上揭示组织行为模式与组织创新之间的关系。

对于项目管理方法的研究模型应该更注重描述，而不是规范，这种基于描述的研究模型更有利于理解组织的意义构建过程和进化过程。试图寻找组织演进的路径是合理的，也是应该给予支持的，而试图控制组织的演进路径则是不可取的。组织环境的复杂性不仅仅意味着组织内部的复杂性，更多意义上是指所有利益相关者之间互动关系的复杂性，管理者应尽可能地遏制其"控制"欲望。

3.4 工程项目主体行为风险的形成机理

通过上述分析可知，风险代表了一种损失出现的可能性。项目主体以及群体中存在的各种因素决定了项目风险的大小和项目风险的概率。

项目主体的个体特质，主要包括项目主体作为人所具备的心理特征等因素。组织因素主要包括组织的文化、流程、制度等。项目管理团队的关键因素包括项目目标、沟通效率、内控机制、协调水平等。每一个项目都承载了不同种类和不同量级的上述因素，项目自身的特性可能会对以上因素产生影响，但是不会从根本上改变上述风险因素。

项目所承载的上述因素之间的相互关系构成了项目的关系集合，从某种意义上来说，这种关系集合就是利益相关者的关系集合。存在于项目中的关系既有契约关系，也有非契约关系，前者可以采用法律手段给予保障，而后者只能依赖于项目主体的道德水平。

项目主体因素、组织因素等各类因素对项目主体行为产生的作用力以及各种因素之间的相互作用形成的综合作用力，共同导致了项目主体行为风险的产生。这些风险包括合同、内控、进度、成本等各方面。

项目管理者通过对项目主体行为风险进行分析，理解其形成机制和发生规律，对于识别风险来源、制订预警方案、降低风险影响都有重要意义，上述过程可以用图 3 – 6 表示。

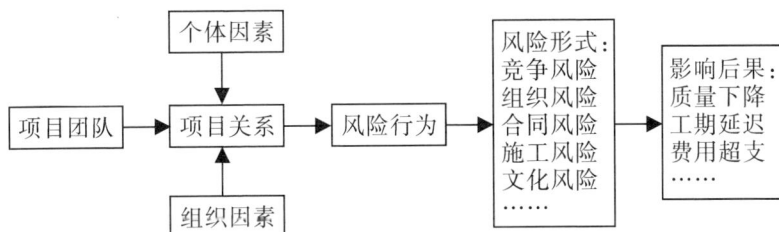

图 3 – 6 工程项目主体行为风险的形成机理

不难得知，大型工程项目管理对于项目管理者的要求极高，项目管理者需要在项目分解、挣值分析、风险分析、项目计划等各个方面拥有过硬的技术，也需要拥有人际关系、项目组织等软实力。项目管理者所拥有的这些软实力，对于项目内部和利益相关者的关系管理十分重要，有助于促成项目成功关键因素的培养，从而有效地防范主体行为风险的出现，提高整个项目的成功率。

4 大型工程项目风险的组织行为分析

4.1 大型工程项目组织结构

4.1.1 组织文化

总体而言，组织文化有广义与狭义两种定义。具体来说，组织文化就是一个组织所有成员一致接受的群体意识，主要包括价值观、思维方式、行为方式、团队准则、工作风气、团队意识与组织归属感等相关内容。

组织文化具有物质、制度和精神三个层次。其中物质层是组织文化的最表层特征，重点是研究一个组织的具体物质形态，物质层是组织文化制度层与精神层建立的前提条件。组织文化的制度层在物质层与精神层之间起到承上启下的作用，是组织文化的中间层。精神层则是一个组织在长期工作实践中形成的某种价值取向以及基于这种价值取向所形成的特定群体性心理。组织文化的三个层次，彼此相互联系，是不可分割的统一体。

4.1.2 组织结构

组织结构也有广义与狭义两种定义，组织结构简单而言是组织内部因为分工所形成的上下级之间的分层构成。当然对于不同的行业、不同的企业，存在着不同分工，同时形成彼此各异的组织结构。伴随着理论研究的持续深入，出现了不同的组织结构。常见的组织结构包括直线型、职能型、直线职能型、事业部型和矩阵型。

直线型组织结构是一种存在最早、架构相对简单的组织形式，其优势在于结构简单、职责明确、易于管理，但也存在分工不合理、对管理者的知识技能要求较高等缺点。与直线型的组织结构相比，职能型组织结构存在多头领导、组织沟通存在障碍等缺点。直线职能型组织结构则是以上两种形式的结合。事业部型组织结构一般适用于大型企业、大型工程项目。矩阵型组织结构则是按照部门的实际职责进行划分，这种组织形式的最大优点是能够避免重复工作，提高大型工程项目内部沟通效率。

4.2 基于个体行为的大型工程项目风险管理

4.2.1 影响大型工程项目风险个体行为的个性心理因素

影响大型工程项目风险个体行为的个性心理因素如图 4 - 1 所示。

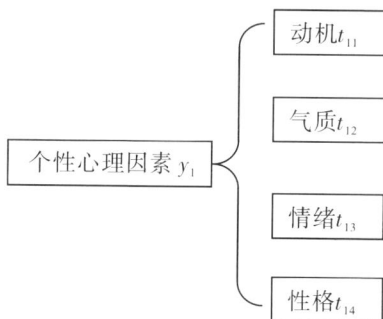

图 4 - 1 影响大型工程项目风险个体行为的个性心理因素

设个性心理因素对大型工程项目风险的影响用 y_1 表示，动机、气质、情绪、性格的对应取值分别用 t_{1i} ($i = 1$，2，3，4）表示，则可建立非线性回归方程如下：

$$y_1 = f_1(t_{11}, t_{12}, t_{13}, t_{14}) + \varepsilon_1 \tag{4.1}$$

其中 ε_1 为随机误差，一般情况下假设 ε_1 服从标准正态分布 $\varepsilon_1 \sim N(0, \sigma^2)$。

1. 安全行为的动机因素分析

大型工程项目涉及人员众多，并且人员的结构相对复杂，对于人员群体无法逐一开展分析，本节将重点针对大型工程项目的施工人员，具体分析动机因素对其安全行为的影响。大型工程项目具有一定的特殊性，无论是项目管理者还是普通工作人员对安全都高度重视，要想确保拥有一个安全稳定的工作环境，参与人员一方面需要不断提升自己的专业知识和安全知识，同时保持知识的不断更新；另一方面需要大量地积累关于大型工程项目现场施工的具体实战经验，对于安全环境的需要将促使项目参与人员产生强烈的学习动力，采取实际行动加强安全知识学习、提高安全实践能力。

2. 安全行为的气质因素分析

相关研究表明，项目参与人员的气质因素与安全行为具有相关性，该研究结论具体如表4-1所示，工作人员的气质直接决定了个人行为的安全特点。实际上，绝大多数人都不固定归属于某种气质类型，更多的是多种气质混合。研究表明，个人的气质特征直接影响人们的工作效率，同时对个人行为的安全特性构成影响。例如，大型工程项目在具体实施过程中难免会遭遇突发事件，这就要求负责突发事件处置的工作人员具备反应敏捷、决策果断的气质特点，需要具备较强应急反应能力的人员往往选用兴奋、活泼型气质更为合适。对于大型工程项目的安检、质检等工作，需要工作人员具有极强的耐心、工作一丝不苟，这类工作安排安静、抑郁型气质的人更为合适。总之，在大型工程项目的整个安全管理周期内，项目管理者需要全面综合考虑工作实际场景与个人气质特征，将两者有效结合起来指导工作安排，将有利于整个项目的开展，确保项目安全。

表4-1　气质类型及行为特点

气质类型	强度	均衡性	灵活性	安全性	行为特点
活泼型	强	均衡	灵活	较强	活泼好动、反应灵活、好交际
兴奋型	强	不均衡		弱	攻击性强、难抑制或约束
安静型	强	均衡	不灵活	强	安静、迟缓有节、坚定
抑郁型	弱			较强	胆小畏缩、消极防御

3. 安全行为的情绪因素分析

从安全行为角度看，正面情绪具有积极效果，更有利于将安全管理推进到一个更佳状态，而负面情绪对于安全管理具有一定的消极影响，甚至会造成较大的破坏。心理学实验结果表明，不同的情绪具有极大的差异。例如恐惧的破坏性最大，痛苦是通过压抑正常智力思考所形成的干扰作用，愤怒和恐惧、痛苦不同，人们在愤怒释放后将对工作起到较好的促进效果，如果愤怒的情绪没有得到及时疏导，将会对人的身心产生负面影响。

4. 安全行为的性格因素分析

人的性格千差万别，主要可划分为理智型、情绪型和意志型三种性格。理智型的人依靠理智评估一切，根据理智评估结果行动；情绪型的人则具有冲动型特征，其安全行为具有不确定性；意志型的人则目标明确，具有较强的行动力和责任感。

4.2.2 影响大型工程项目风险个体行为的社会心理因素

影响大型工程项目风险个体行为的社会心理因素如图 4-2 所示。

设社会心理因素对大型工程项目风险的影响用 y_2 表示，社会知觉、价值观、角色、社会舆论、风俗与时尚的对应取值分别用 t_{2i}（$i=1$，2，3，4，5）表示，则可建立非线性回归方程如下：

$$y_2 = f_2(t_{21}, t_{22}, t_{23}, t_{24}, t_{25}) + \varepsilon_2 \qquad (4.2)$$

其中 ε_2 为随机误差，一般情况下假设 ε_2 服从标准正态分布 $\varepsilon_2 \sim N(0, \sigma^2)$。

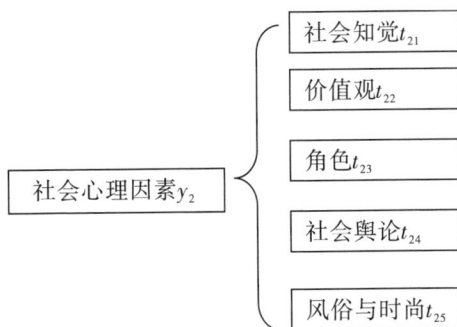

图 4 - 2 影响大型工程项目个体行为的社会心理因素

1. 社会知觉对人的安全行为的影响分析

第一印象效应、晕轮效应、近因效应及优先效应、定型效应等原因造成了社会知觉性偏差，具体如表 4 - 2 所示。

表 4 - 2 四种社会知觉效应及其对安全行为的影响

现象	定义	影响
第一印象效应	第一次见面给人的印象	影响时间长，并且影响力强
晕轮效应	以个人偏好标准对他人做出判断，继而对其品质下结论	得出的结论相对片面，只看到事物的某个方面或某个特征
近因效应及优先效应	根据记忆特点，人们对事物尾部的记忆好于其他部分	信息相隔得越长，人们对近期信息的记忆越清楚

（续上表）

现象	定义	影响
定型效应	对其他人的判断，往往借助自身头脑中某个固定印象	既忽略了人与人之间的差异，又忽略了动态变化因素，一个人在不同时期也会不一样，固定印象会造成社会认知偏见

2. 安全行为的价值观因素分析

组织的价值观是一个组织的行为指南，价值观同样也影响着大型工程项目的安全生产管理。主要体现在以下方面：①影响着组织激励机制的建设及其建设方式；②影响着工作人员对大型工程项目工作目标的具体选择；③影响着大型工程项目工作人员对项目成效的具体看法；④影响着大型工程项目工作人员的工作抗压力程度；⑤影响着大型工程项目工作人员对于各类问题的基本认知；⑥影响着大型工程项目工作人员对于各种具体问题的看法、决策以及具体问题的解决；⑦影响着大型工程项目工作人员相互之间的看法，继而影响工作人员之间的关系。

3. 安全行为的角色因素分析

在现代社会生活中，每个人都扮演着不同的角色，甚至在不同的场合下扮演着不同角色。各种角色意味着不同的行为规范和行动方式，在大型工程项目实施过程中，工作人员需要承担起各自的岗位角色，切实履行好工作岗位职责，只有这样才能够确保项目的稳定有序推进。因此，在大型工程项目管理中，角色管理非常重要。

4. 安全行为的社会舆论因素分析

社会舆论总体上是指社会大众对某个事物、某个问题的共同态度，大型工程项目要想做好安全管理，就需要营造一个良好的社会舆论环境。

5. 安全行为的风俗与时尚因素分析

安全文化建设同样影响着大型工程项目的安全管理，风俗与时尚对安全文化形成直接影响，可对安全文化中的正面因素加以发扬，对其负面因素加以改进。

4.2.3 影响大型工程项目风险的个人激励

1. 基层管理者及员工的激励机制因素影响分析

期望理论作为一种激励理论，该理论指出驱动人们积极行动需要具备两个前提条件：一个是员工确实存在这种需要；另一个是具有达到特定目标的可能。

有关研究表明，我们应该基于激励机制，建立管理者与工作人员良好互动关系。适当地调整组织管理方式、组织机构，可以有效地协调管理者与基层人员之间的关系。尤其在大型工程项目中，既要在物质层面对基层人员加以引导、激励，又要从精神层面使管理者与基层人员有效地建立互动关系，全面调动员工的主观能动性，从而强化项目安全管理。

设个人激励机制对大型工程项目风险的影响用 y_3 表示，物质激励和精神激励的对应取值分别用 t_{3i}（$i = 1, 2$）表示，则可建立非线性回归方程如下：

$$y_3 = f_3(t_{31}, t_{32}) + \varepsilon_3 \tag{4.3}$$

其中 ε_3 为随机误差，一般情况下假设 ε_3 服从标准正态分布 $\varepsilon_3 \sim N(0, \sigma^2)$。

（1）提升员工的整体凝聚力。管理是对群体组织的有效组织，有效的激励方式对于群体发展同样重要。在大型工程项目中，有效的激励制度既可以引导全体员工的总体行动方向，又可以强化员工之间的行动凝聚力，在安全管理上形成协同效应，强化安全文化建设。

（2）激发员工的工作热情和积极性。激情是对一件事情的关注投入力度，这种情感能够产生巨大力量，如果能够最大限度地激发员工的工作积极性，一方面可以促使员工在面对困难和挑战时保持坚定态度；另一方面可以实现特定的组织管理目标。总之，激励的核心就是在于调动员工积极性。

通过上述分析，我们对大型工程项目激励方法的设计步骤如图 4-3 所示。

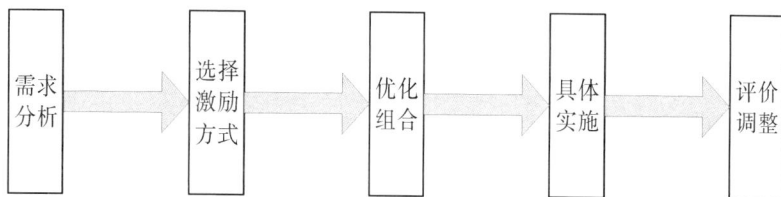

需求分析 → 选择激励方式 → 优化组合 → 具体实施 → 评价调整

图 4-3 大型工程项目激励方法的设计步骤

第一，需求分析。激励的前提是要弄清楚组织成员的基本需求，分析需求也是在大型工程项目中开展安全生产管理的重要准备，只有真正地满足了组织成员的具体需求，才能够最大化地激发员工积极性。对于需求分析，可以采用问卷调查、重点访谈等方式，全面深入了解管理人员及基层员工的真实需求。

第二，选择激励方式。基于对员工的真实需求分析，初步了解员工的具体需求情况，进一步借助管理研究中被证明行之有效的激励方式，针对不同岗位、不同年龄段、不同成长背景、不同学历层次的员工需求，采取针对性的激励策略。

第三，优化组合。制定激励方式及激励策略，需要全面深入分析组织内部存在的多种因素及其相互制约关系，需要根据实际环境变化，动态优化调整激励策略，确保各种激励手段在激励过程中能够得到同步实施。既可兼顾各种岗位员工的差异化需求，又可以避免不同激励措施之间的相互限制。

第四，具体实施。在对激励方式、激励策略进行优化确认后，将进入激励的具体实施阶段，在实施过程中同样会遇到各类问题，需要组织领导加大支持、推动激励实施。不同的激励方式应根据实际情况采用差异化的落地方式，按照特定问题具体分析准则进行。

第五，评价调整。在激励制度实施一段时间后，需要根据项目组织成员对激励效果的正面和负面反馈信息，进行重新分析、动态调整，从而达到良性的管理循环状态。

2. 激励机制对安全管理的影响

大型工程项目的安全管理需要充分考虑激励机制，对于项目实施个体的有效激励将有利于强化安全管理。受资金限制，在大型工程项目中对于员工个体的激励往往无法通过薪酬途径实现，运用相应的激励机制显得更为重要。单一维度的物质激励无法全面激活个体安全工作意识，可以通过在项目实现阶段性成果后举办庆功、答谢活动等方式，对优秀工程、优秀员工进行公开表彰，从而激发个体将更多的热情投入到项目施工服务中去。

4.3 基于群体行为的大型工程项目风险管理

4.3.1 团队理论对大型工程项目风险的影响

团队理论对大型工程项目风险的影响如图 4-4 所示。

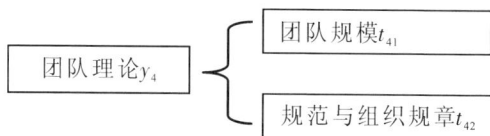

图 4-4 团队理论对大型工程项目风险的影响

设团队理论对大型工程项目风险的影响用 y_4 表示，团队规模、规范与组织规章的对应取值分别用 t_{4i}（$i=1$，2）表示，则可建立非线性回归方程如下：

$$y_4 = f_4\ (t_{41},\ t_{42})\ + \varepsilon_4 \tag{4.4}$$

其中 ε_4 为随机误差，一般情况下假设 ε_4 服从标准正态分布 $\varepsilon_4 \sim N\ (0,\sigma^2\ )$ 。

1. 安全管理的团队规模影响分析

团队规模一般在 2～16 人范围内比较适宜，但是随着协同办公技术的发展，通过合作系统、网络能够让团队在更大规模的情况下有效沟通、正常运行。研究表明，团队成员规模保持在 12 人以内有助于增强团队沟通，表 4－3 显示了团队规模对团队管理各个维度的影响。

表 4－3　团队规模对团队管理的典型影响

维度		团队成员数量		
		2～7 人	8～12 人	13～16 人
1	对于管理层领导力的要求	低	中	高
2	对于管理层领导指挥的要求	低	中	中至高
3	对于管理层领导指挥的容忍性	低至中	中	中至高
4	对于成员心理素质的要求	低	中	高
5	对于遵循规章程序的要求	低	中	中至高
6	决策时间要求	低	中	高

大型工程项目由多个子项目构成，每个子项目的成员数量对于领导力及成员能力都有着直接影响。在大型工程项目具体实施过程中，每个组织都要根据实际情况控制成员规模，确保每名成员的潜力得到最有效发挥。

2. 安全管理的规范与组织规章影响分析

在一个组织中，规范就是被组织成员普遍接受的行为准则和行动方式。规范与组织的规章制度不同，组织规章是正式制定并以手册等形式下发给组织成员，成员有时会不认同或忽视规章，与此相比，规范是非正式、不成文的惯例，通过团队成员的长期行为来表现。如果某个组织成员不断违背组织规范，其他组织成员将会通过特定方式加以惩罚，惩罚可能包括排斥、威胁、利诱等多种形式，那些一直遵从规范的组织成员也会得到其他成员的认同与表扬。

组织规范既可以增强团队及个体的工作潜力，还会对团队及个人的工作效能造成直接影响，因此组织规范对于团队凝聚力提升的作用很大，可以大幅提高团队整体工作效率。

3. 团队内部各成员间交互作用对安全管理的影响

在一个团队中，如果每个个体之间相互独立，则他们对安全管理总的影响可以看作是每个个体的影响之和，此时团队风险可以认为等于每个个体风险之和。然而很多时候，团队内部的个体之间并不独立，而是会有相互影响和制约，其交互作用也会对团队的安全管理产生影响，从而增大整个团队的风险。

设集合 $I = \{1, 2, \cdots, n\}$，表示有 n 个个体的一个团队，S_i 是 I 的子集。如果对于 I 的任意子集 S，都对应着一个实值函数 $V(S)$ 且满足：

$$\left.\begin{array}{l} V(\emptyset) = 0 \\ V(S_1 \cup S_2) \geqslant V(S_1) + V(S_2), (S_1 \cap S_2 = \emptyset) \end{array}\right\} \quad (4.5)$$

称 $V(S)$ 为 I 的特征函数（或集合 I 对安全管理的影响函数）。

如果每个个体之间相互独立，且这 n 个个体对安全管理的影

响函数分别为 x_1 , x_2 , $\cdots$, x_n （非负）。团队合作时对安全管理的影响函数为 x ，且 $x > \sum\limits_{i=1}^{n} x_i$ 。则

$$x_k^* = \frac{x_k}{\sum\limits_{i=1}^{n} x_i} \qquad (k = 1,2,\cdots,n) \qquad (4.6)$$

一般地，可以用 x_1^* , x_2^* , $\cdots$, x_n^* 作为这 n 个个体的风险函数。

考虑 n 个个体交互作用下的团队风险函数可用矢量函数表示为：

$$\varphi(V) = \{\varphi_1(V), \varphi_2(V), \cdots, \varphi_n(V)\} \qquad (4.7)$$

其中 $\varphi_i(V)$ 表示团队中个体 $\{i\}$ 的风险函数。

从（4.5）式可见，团队合作规模扩大，对安全管理的影响不会减少。(4.5) 式中等式成立的团队协作是理想状态，此时每个个体之间相互独立，不产生交互影响。(4.5) 式中不等式成立的团队协作更为常见，因为它考虑了团队内个体之间的交互作用。

为了确定团队风险函数 $\varphi(V)$ ，这里给出一组 $\varphi(V)$ 应该满足的公理：

公理1：团队合作时每个个体所造成的风险与此个体的标号无关。

公理2：每个个体所造成的风险总和等于总影响函数，即

$$\sum\limits_{i=1}^{n} \varphi_i(V) = V(I) \qquad (4.8)$$

公理 3：若对所有包含 i 的子集 S 有

$$V[S - \{i\}] = V(S) \qquad (4.9)$$

则 $\varphi_i(V) = 0$。

公理 4：若 $\tilde{V}$ 也是定义在 I 上的特征函数，而且 $W = V + \tilde{V}$，则

$$\varphi(W) = \varphi(V) + \varphi(\tilde{V}) \qquad (4.10)$$

即若 n 个个体同时进行两项互不影响的合作，则每个个体的风险应等于两项合作单独进行时的风险之和。

可以证明满足公理 1 至 4 的 $\varphi(V)$ 存在唯一，而且这样的 $\varphi(V)$ 可按下列公式给出：

$$\varphi_i(V) = \sum_{S \in S_i} W(|S|)[V(S) - V(S - \{i\})] \qquad (4.11)$$

其中：S_i 是 I 中含 $\{i\}$ 的所有子集，$|S|$ 是子集 S 中决策人的个数，$W(|S|)$ 是 I 加权因子，且由下式确定：

$$W(|S|) = \frac{(|S| - 1)!(n - |S|)!}{n!} \qquad (4.12)$$

$[V(S) - V(S - \{i\})]$ 是团队 S 中个体 $\{i\}$ 对安全管理的影响函数。例如，一个团队中若有 3 个个体，则 $I = \{1, 2, 3\}$，若个体 $\{1\}$ 对安全管理的影响值为 2，记作 $V(\{1\}) = 2$，类似有 $V(\{2\}) = 1$，$V(\{3\}) = 1$。若 1，2 间有交互作用，对安全管理的影响值为 7，记作 $V(\{1,2\}) = 7$，类似有 $V(\{1,3\}) = 5$，$V(\{2,3\}) = 4$ 以及 $V(\{1,2,3\}) = 10$。则按照（4.7）式和（4.11）式可求得整个团队和单个个体的风险函数。

考虑个人的风险函数时应该考虑个人在合作中有交互作用的风险函数，即个体 $\{i\}$ 的风险函数 = 有个体 $\{i\}$ 的风险函数 - 无

个体 $\{i\}$ 的风险函数。

例如个体 $\{1\}$ 对 $\{1,2\}$ 的合作所构成的风险，可记为

$$g_1(\{1,2\}) = V(\{1,2\}) - V\{2\} = 7 - 1 = 6$$

类似有

$$g_1(\{1,1\}) = V(\{1\}) - V(\emptyset) = 2$$

$$g_1(\{1,3\}) = V(\{1,3\}) - V(3) = 4$$

$$g_1(\{1,2,3\}) = V(\{1,2,3\}) - V\{2,3\} = 6$$

同样可分别算出个体 $\{2\}$，$\{3\}$ 的四个有关风险函数 g_2，g_3。个体 $\{i\}$ 在团队 $\{1,2,3\}$ 中的风险函数应该是与个体 $\{i\}$ 有关的四个风险函数的加权平均值，加权因子和风险函数由上述一般模型中的式子来计算（如表 4-4 所示）。

表 4-4　有交互作用的团队合作风险函数相应参数值

S	$\{1\}$	$\{1,2\}$	$\{1,3\}$	$\{1,2,3\}$
$V(S)$	2	7	5	10
$V_1(S-\{1\})$	0	1	1	4
$g_1 = V - V_1$	2	6	4	6
$\lvert S \rvert$	1	2	2	3
$W(\lvert S \rvert)$	1/3	1/6	1/6	1/3
W_{g_1}	2/3	1	2/3	2
$\sum W_{g_1}$	$4\dfrac{1}{3}$			

由表 4 - 4 中最末一行得 $\varphi_1(V) = 4\frac{1}{3}$，类似地计算，可得

$\varphi_2(V) = 3\frac{1}{3}$，$\varphi_3(V) = 2\frac{1}{3}$，即有交互作用的团队合作风险函

数为：

$$\varphi(V) = \left(4\frac{1}{3}, 3\frac{1}{3}, 2\frac{1}{3}\right)$$

有交互作用的团队合作风险函数的概率如图 4 - 5 所示。

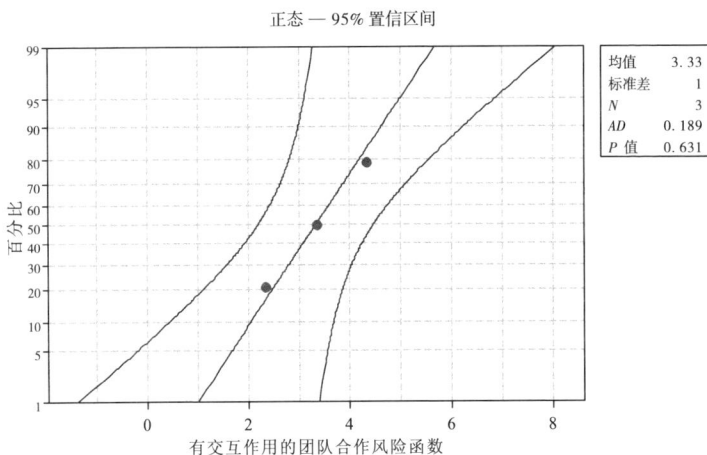

图 4 - 5 有交互作用的团队合作风险函数概率图

4.3.2 沟通理论对大型工程项目风险的影响

沟通理论对大型工程项目风险的影响如图 4 - 6 所示。

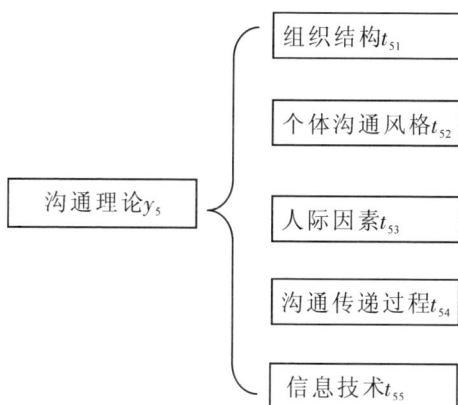

图 4-6 沟通理论对大型工程项目风险的影响

设沟通理论对大型工程项目风险的影响用 y_5 表示，组织结构、个体沟通风格、人际因素、沟通传递过程、信息技术的对应取值分别用 t_{5i}（$i = 1，2，3，4，5$）表示，则可建立非线性回归方程如下：

$$y_5 = f_5(t_{51}, t_{52}, t_{53}, t_{54}, t_{55}) + \varepsilon_5 \qquad (4.13)$$

其中 ε_5 为随机误差，一般情况下假设 ε_5 服从标准正态分布 $\varepsilon_5 \sim N(0, \sigma^2)$。

1. 组织中的沟通障碍

（1）地位差异。组织结构中的地位差异直接影响成员间的沟通，也是形成组织沟通障碍的重要因素，组织地位高低让人在心理上形成落差，从而影响个体的沟通表现。对于大型工程项目，其组织架构存在管理级别多的特点，地位差异必然造成部分员工在心理上形成差异感、等级感。当管理层和普遍员工发生观点冲突时，地位差异将会对组织成员造成心理障碍，最终出现沟通障碍问题。在大型工程项目的组织架构中自然形成的多个层级关系，这种多个层级关系将直接影响员工的汇报信息，员工向上汇报工作时更多偏向于领导愿意听的信息，对其中的细节通常进行忽略，部门负责人向上汇报工作时也会忽略部分对本部门不太好的信息，于是汇报信息到达最高领导层时就会出现失真问题。信息通过的层级、环节越多，信息的失真性就越高。

（2）信息传递。有统计学者研究表明，信息从传递者到最终接收者的整个过程中，信息的准确度平均下降80%。在大型工程项目中，由于组织层级多、信息量往往较大，因此信息在传递中的失真率也普遍较高，图4-7描述了信息传递链条中存在的信息沟通漏斗现象。

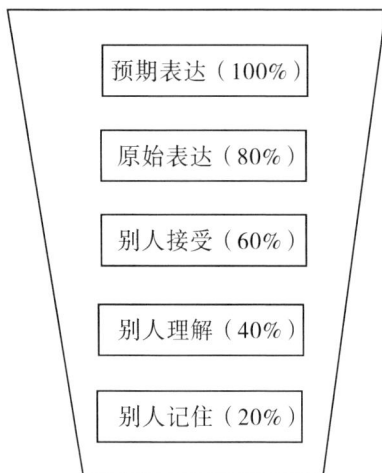

预期表达（100%）

原始表达（80%）

别人接受（60%）

别人理解（40%）

别人记住（20%）

图4-7　信息沟通漏斗

信息沟通漏斗现象，主要是因为沟通人员在传递信息过程中因为理解的差异，会有自己的主观因素，从而导致信息不完全、不准确。因此，信息在组织的传递过程中需要尽可能地减少沟通层级，避免多头领导，确保信息的完整准确。

2. 沟通风格造成的组织沟通障碍

每个人都是独立的个体，在面对工作时会依据喜好采用不同的工作模式。然而受到外在因素的影响与限制，个体无法完全按照自己的想法开展工作，组织成员需要根据工作环境、工作条件调整工作方式，同时每个人的价值观及其内心需要存在差异，这些都对组织的沟通造成直接影响。

（1）外向与内向。每个人都不是完全的内向或外向性格，只是在与外界建立关系时存在一定偏好。一般而言，外向性格的人更喜欢寻求多样化、刺激事物，更乐于社交，并且经常不按章行事。而一个内向性格的人更习惯于在处理问题前进行全面的梳理分析。因此，外向与内向性格的差异，将造成组织成员之间的沟通障碍。

（2）直觉与感觉。偏向于运用直觉思维的人在解决问题时，不喜欢受到规范制度等条条框框的限制，更喜欢从全局看待问题，而不局限于问题的某个局部。直觉思维的人具有较好的创造性和较强的洞察力，更偏好于解决复杂问题。感觉思维的人更加偏好具体而清晰的事务，喜欢按章办事，对细节具有更多的耐心。因此，在大型工程项目的实施过程中，要充分考虑不同类型思维的人与工作岗位之间的匹配关系。

（3）情感与理性。运用情感进行决策，会带有较强的主观性，而理性决策者会在决策前开展各项细致分析，对于做事目标非常明确。

（4）知觉与判断。对知觉具有偏好的人往往更加关注过程，会将更多精力投入到事件的过程调查中；而偏好判断的人则更加关注问题的解决，更加喜欢条理化、清晰化。

3. 沟通的人际因素影响分析

（1）人际关系。如果沟通双方都非常坦诚，沟通将更加具有效率，如果双方相互猜疑，势必造成彼此不信任的抵触情绪，从而影响正常沟通。人际关系处理的好坏将直接影响组织沟通的效率。例如，在沟通过程中，信息传递者经常会按照个人偏好或出于某种目的而对信息进行加工，从而造成信息失真。

（2）信任度。沟通双方如果彼此不信任，将会造成严重的沟通问题，信任是沟通的前提，也是有效沟通的必要条件。有效沟通是沟通双方的共同焦点，无论是平级沟通，还是上下级沟通，如果相互欠缺信任，那么沟通将失去基础。对于大型工程项目发生紧急事件时，组织成员对于上级传达的疏散信息存在的信任度，将直接影响项目安全管控力度。

（3）拒绝倾听。倾听是沟通的润滑剂，拒绝倾听在表象上表现为自高自大或者对于交流沟通的漫不经心。如果下级不理睬上级，自我感觉能力更强；而上级对于下级的意见同样听不进去，自认为个人能力强可以处理好问题，长此以往，将会造成严重的沟通障碍。

（4）自我为中心。以自我为中心，听不进别人的意见，个人主观性太重。

4. 沟通过程中的障碍因素

（1）情绪化因素。极端的情绪是有效沟通的直接障碍，在信息接受者处于极端情绪时，对于信息的接受理解都会失去真实性，往往根据个人偏好而歪曲信息本身内容。处于极端情绪下的人，是无法进行理性思考的，这将造成沟通无法正常进行。在大型工程项目的推进中，组织者应当保持情绪稳定，避免带着情绪进行决策。

（2）文化障碍。大型工程项目的组织成员往往来自不同的地区，甚至来自全球各地，组织成员的文化差异将对沟通造成极大障碍。沟通双方往往因为经验差异、地位差异、知识差异，从而形成沟通上的阻碍。例如上级传达通知时，通常偏好于说专用术语，当下级对这些术语不知晓时，将必然导致沟通障碍。

5. 信息技术对组织沟通的影响

信息技术高速发展，同样广泛应用于大型工程项目，这是确保有效沟通、高效沟通的必要工具，需要预防不法分子破坏信息系统，从而造成组织重要沟通渠道的中断，因此项目组织要全面做好信息系统的备份和保护。

4.3.3 领导习性对大型工程项目风险的影响

图 4-8 描述了领导习性对于大型工程项目风险的整体性影响。

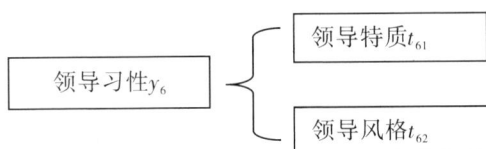

图 4 - 8　领导习性对大型工程项目风险的影响

设领导习性对大型工程项目风险的影响用 y_6 表示，领导特质、领导风格的对应取值分别用 t_{6i}（$i=1$，2）表示，则可建立非线性回归方程如下：

$$y_6 = f_6(t_{61}, t_{62}) + \varepsilon_6 \qquad (4.14)$$

其中 ε_6 为随机误差，一般情况下假设 ε_6 服从标准正态分布 $\varepsilon_6 \sim N(0, \sigma^2)$。

1. 安全管理的领导特质因素分析

一个组织的领导者是整个组织的推动主体，领导处理问题的态度体现了领导素质，尤其在大型工程项目中，具备与组织项目管理相适应的领导者素养十分重要。

美国心理学家基伯对于领导特质进行过一项代表性研究，他系统全面地阐述了领导者各种品质，并根据各类品质对于管理能力的重要程度，将其划分为三大类：①非常重要，主要包括问题督办能力、自我实现需求、自信心、决策力、才智；②次等重要，主要包括亲和力、处理问题的成熟度；③最不重要，主要包括性别特征。

基于上面的综合分析，在大型工程项目实施过程中，如果想要确保项目实现安全管理，组织领导者需要具备如图 4 - 9 所示的重要素质：

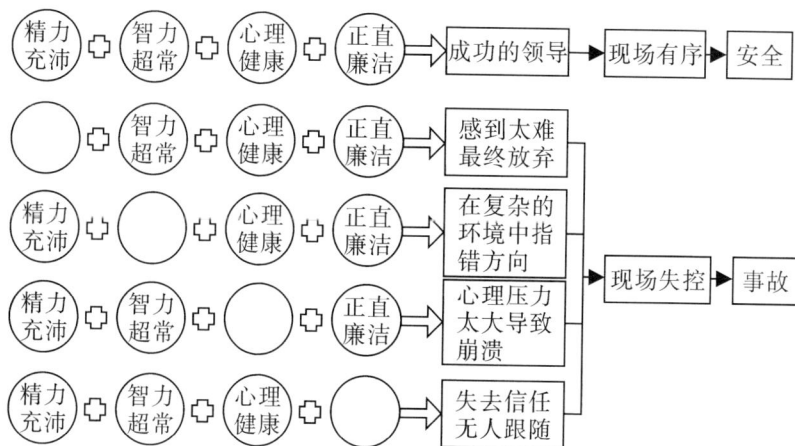

图 4 - 9   领导者的个人素质

（1）智力超常。对于领导者的组织、决策能力一般要求较高，领导者还应具备创新精神，能够知人善任、激发下属的工作积极性。领导者不仅要在专业领域拥有广而深的知识，具有敏锐的观察力和洞察力，能够随机应变，具有较强的解决问题能力，还要拥有良好的人际交往能力，具备适应环境、协调平衡的能力。

（2）心理健康。领导者要保持良好的心态，具有事业心和进取心，面对问题和挫折时沉着冷静。

（3）正直廉洁。领导者拥有正直、公正的良好品德，也能够为组织管理带来好效果。

2. 安全管理的领导风格影响分析

（1）领导风格类型理论。根据领导工作风格理论，主要包括

三大类极端风格，即专制、民主、放任。图 4 - 10 显示了这三种
领导风格，每种风格都有各自的利弊，民主型的领导风格一般更
为有效。

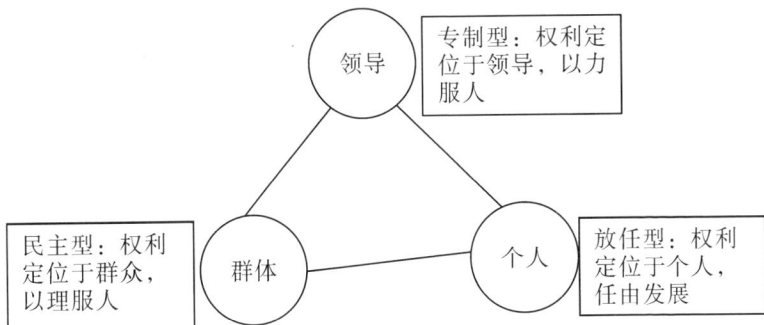

图 4 - 10　三种领导工作风格

（2）丹尼尔·戈尔曼的六种领导风格。表 4 - 5 展示了戈尔
曼的六种领导风格。

表 4 - 5　六种领导风格

	专制型	权威型	关系型	民主型	领跑型	教练型
领导者的工作方式	要求立即服从	强调愿景目标，号召员工为之奋斗	建立情感纽带，创造一种和谐的关系	通过参与达成共识	设定很高的绩效标准	为未来培养员工

（续上表）

	专制型	权威型	关系型	民主型	领跑型	教练型
体现风格的一句惯用语	照我说的做	跟我来	员工优先	你怎么看	学我的样，快	试试看
最适合运用时机	发生危机时，开始转型时，或处理问题员工时	当变革需要新的愿景目标时，当组织需要一个明确方向时	恢复团队凝聚力时，在充满压力的情况下激励员工时	笼络员工或力求达成共识时，希望得到骨干员工支持时	要求积极性高、能力强的团队立马拿出成果时	帮助员工提高工作绩效或发展长远能力时
对工作氛围的总体影响	消极	最积极	积极	积极	消极	积极

不同的领导风格，对应着不同的领导方式、领导行为，没有绝对的评估标准指出哪种风格更好。对于大型工程项目的安全管理，更应该针对项目环境、成员构成、实际工作等因素，进行综合考虑、统筹分析。例如，在处置突发事件过程中，权威型领导更能把控指挥好现场。

4.4 基于组织行为的大型工程项目风险管理

4.4.1 组织文化对于大型工程项目风险的影响

组织文化对大型工程项目风险的影响如图 4-11 所示。

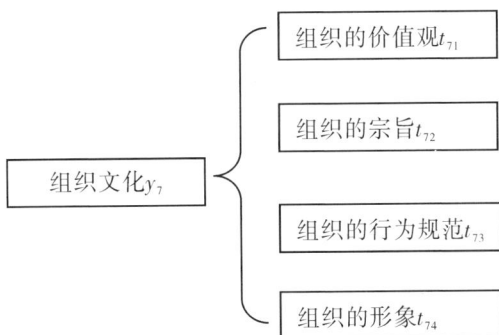

图 4-11 组织文化对大型工程项目风险的影响

设组织文化对大型工程项目风险的影响用 y_7 表示，组织的价值观、组织的宗旨、组织的行为规范、组织的形象的对应取值分别用 t_{7i}（$i = 1$，2，3，4）表示，则可建立非线性回归方程如下：

$$y_7 = f_7(t_{71}, t_{72}, t_{73}, t_{74}) + \varepsilon_7 \qquad (4.15)$$

其中 ε_7 为随机误差，一般情况下假设 ε_7 服从标准正态分布 $\varepsilon_7 \sim N(0, \sigma^2)$。

与以往相比，现代企业的经营管理者更加重视企业文化建设，员工创新性工作可以提升劳动生产率，同样受到企业的高度重视。学习型组织更加注重工作的迭代优化，基于团队建设的工作设计，不断改变传统基于工作分工以及组织规章制度的管控方式，管理方式更加灵活机动，能够给员工更多的自主空间，是一种新型管理模式。

以上各个因素对企业发展都有着直接影响，同样都需要通过组织文化加以实现。在大型工程项目的施工过程中，企业文化对于组织的管理更为重要，若能够将企业文化和规章制度有机地结合在一起，将有效地提升大型工程项目的安全管理水平。

企业文化属于一类柔性管理方式，它渗透在企业的方方面面，主要体现在以下方面：

1. 价值观

一个组织的价值观就是一群人的共同信念，价值观是一种强大的无形管理手段，能够在员工的日常工作行为中起到极大的约束力。一个组织的价值观直接决定了企业的经营风格。价值观是组织文化形成的内在驱动力，在大型工程项目推进过程中，企业应当重点关注价值观的塑造，促使企业更好发展。当组织价值观与个体价值观保持一致时，组织运行效率将达到最好状态，对于大型工程项目的安全管理具有正面作用。

2. 宗旨

一个组织的宗旨是指组织最为根本的生存、发展战略。组织宗旨是激发组织成员主动性、创造性最好的精神工具，当叠加成员共同的组织价值观时，组织文化建设就成为水到渠成的事情。此外，一个组织拥有明确的目标方向将能够更好地开展组织文化建设。

3. 行为规范

规范对组织成员的具体工作行为起到一定的指引性、约束性作用，规范是组织文化的外层表现。组织行为规范能够指引大型工程项目成员的工作行为，让其在特定轨道上行动，确保其行为安全规范。

4. 组织形象

形象就是指社会公众以及组织成员对一个组织的全部评价，良好的组织形象能够较好地提升组织成员的满意度，提高成员的组织归属感，提升团队凝聚力。组织形象是一个组织的外貌，是组织文化建设的重要内容，建立良好的组织形象能够有效地促进组织文化建设，从而增强大型工程项目工作人员的凝聚力、战斗力。

4.4.2 组织结构对于大型工程项目风险的影响

上文我们讲述了多种形式的组织结构，并且每类结构都各有优点和缺点，大型工程项目的自身特点决定了其组织结构设计应该更加趋向于扁平化。

4.5 大型工程项目风险管理组织行为模型

图 4 – 12 是大型工程项目风险管理的组织行为模型。

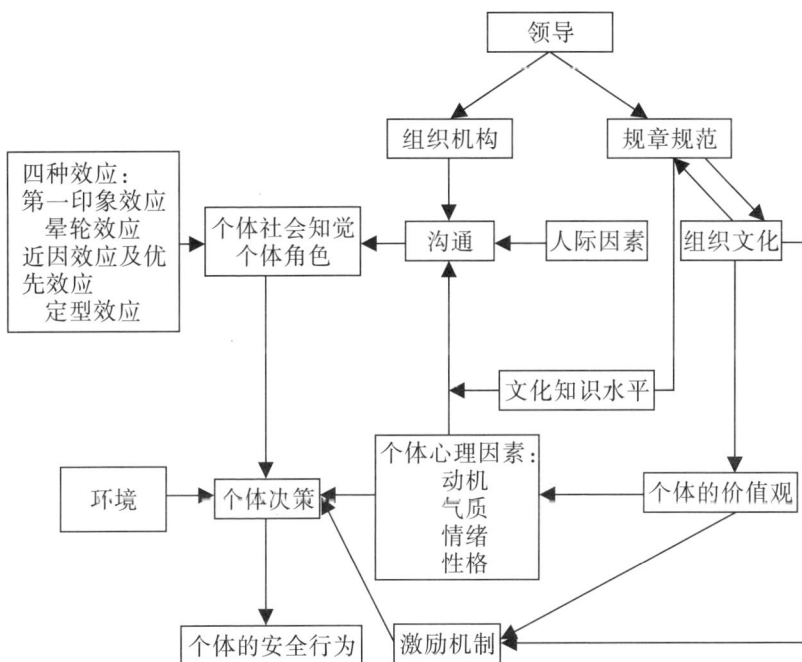

图 4 – 12 大型工程项目风险管理的组织行为模型

4.5.1 影响个体决策的因素

基于上述分析，我们可以推导出大型工程项目安全风险管控的组织行为模型，该模型在个体因素层面包括个体心理、激励机制、社会知觉与个体角色、组织环境等方面，这些因素对组织行为产生实质影响。

首先，一个组织个体的价值观对其行为动机产生直接影响，激励机制同样影响着个体的安全行为标准。组织文化与个体价值观紧密关联，组织与个体相互影响，个体发展需要认同组织文化，个体价值观将受到组织价值观的直接影响。组织对于个体价值观的影响，不仅要重视物质层面，还应该关注组织文化等精神层面的作用，借此促使组织的所有成员更加关注各自行为的安全性。此外，组织文化建设将对组织成员产生很好的激发与激励作用。

其次，个体角色、社会知觉等因素同样影响个体行为，四种效应让个体产生错误认知，从而影响其对问题的判断。同时沟通也会被组织架构、个体心理、人际关系、知识文化等方面因素所影响，从而加剧个体的社会知觉偏差，最终对个体的安全行为造成影响。在大型工程项目的安全生产管理中，要重视沟通理论的具体影响，管理层应当通过定期或不定期的集体活动，加强组织成员的沟通，从而促进组织成员之间的高效高质量沟通。如果沟通阻碍形成惯性，将会造成严重后果和影响。

最后，组织环境对个体安全行为同样具有影响力，这些内容在前面已做过相关分析，在此不再赘述。

从前面的分析来看，大型工程项目的安全生产与组织行为因素有着密不可分的联系。大型工程项目的有序进行，对于保护人民生命财产安全具有重要意义。

4.5.2 基于组织行为的多层次模糊综合评价模型

组织行为与组织内部的社会形态息息相关，难以定量描述。因此可以基于组织行为，建立一个多层次的模糊综合评价模型来对整个工程项目的风险进行评估。

其基本步骤为：①确定被评估对象集合 $X = \{x_1, x_2, x_3, \cdots, x_k\}$。组织行为模型关系图 4-12 显示整个大型工程项目风险管理组织行为交错影响，彼此关联，为了简化这种复杂的关系，可以将组织结构、个体行为、组织文化、群体行为作为评价的对象。②明确因素集合 $U = \{u_1, u_2, u_3, \cdots, u_k\}$。如果因素较多，可将 U 按照特定属性划分成 s 个子集。在前文的分析中，评价对象均对应众多的影响因素，这些影响因素使得整个风险评估的指标体系比较丰富，更能全面地反映整个大型项目的安全形势，也使得内部关系得到更加准确的体现。③确定评语集 $V = \{v_1, v_2, v_3, \cdots, v_m\}$。评语集主要由相关领域的专家给出，并对该大型项目进行评分。④由因素集 U_i 与评语集 V，可获得一个评价矩阵：

$$R_i = \begin{pmatrix} r_{11} & r_{12} & \cdots & r_{1m} \\ \vdots & \vdots & \cdots & \vdots \\ r_{n1} & r_{n2} & \cdots & r_{nm} \end{pmatrix}$$

该阶段容易受到专家主观态度的影响，在这个过程中可以建立面对专家层面的反馈机制，通过反馈可以使专家的评分得到逐步的调整，以此来尽量使整个风险评估客观、公正。⑤对每个具体的

U_i，分别进行综合决策。假设 U_i 中的每个因素权重设定（即权矢量）为：$A_i = \{a_1^{(t)}, a_2^{(t)}, \cdots, a_{n_t}^{(t)}\}$，其中 $\sum_{t=1}^{n_t} a_t^{(t)} = 1$。依据评价矩阵获得相应影响因素的权重，根据项目具体情况结合得到的权重，便可对评估对象做出具体的判断。⑥将每一个具体的 U_i 看作一个因素，记 $U = \{U_1, U_2, U_3, \cdots, U_S\}$，$U$ 同时又是单一因素集，U 的单一因素判断矩阵为：

$$R = \begin{pmatrix} B_1 \\ B_2 \\ \vdots \\ B_S \end{pmatrix} = \begin{pmatrix} b_{11} & b_{12} & \cdots & b_{1m} \\ \vdots & \vdots & \cdots & \vdots \\ b_{s1} & b_{s2} & \cdots & b_{sm} \end{pmatrix}$$

这里的 U 作为整个项目的风险状况，U_i 即是初始的评价对象，每一个具体 U_i 就是 U 的构成部分，体现了 U 的特定属性，我们按照重要性设定权重：

$$A = \{a_1, a_2, a_3, \cdots, a_s\}$$

可以推导出二级模糊评估模型：

$$B = A \cdot R = \{b_1, b_2, b_3, \cdots, b_m\}$$

还可将 U_i 再划分，于是有三级或更高级模型。综合以上各级权重和项目的具体情况，便可对该大型项目的风险有一个定量的判断，与以往的情况进行比较，就可以确定该项目组织行为的风险状况。

4.5.3 基于组织行为的非线性回归模型

由前文的叙述可知，影响大型工程项目风险的因素可能有个体行为、群体行为甚至组织行为。相比较个体行为和群体行为而言，组织行为所造成的风险规模更大，损失也更严重。而作为组织中不可分割的基本组成部分，个体和群体的行为也对组织行为有着交互式影响，因此，综合上述（4.1）式、（4.2）式、（4.3）式、（4.4）式、（4.13）式、（4.14）式和（4.15）式中的非线性回归模型，设组织行为对大型工程项目风险的影响用 y 表示，则可建立基于组织行为的非线性回归模型如下：

$$y = f(y_1, y_2, y_3, y_4, y_5, y_6, y_7) + \varepsilon \qquad (4.16)$$

其中 ε 为随机误差，一般情况下假设 ε 服从标准正态分布 $\varepsilon \sim N(0, \sigma^2)$。

5 大型工程项目的风险估计

5.1 大型工程项目风险估计的定义及分类

在风险识别和初步分类之后，下一步就是要对风险进行估计。风险估计就是估计风险的性质、估算风险事件发生的概率及其后果，以减少项目计量的不确定性，对项目风险进行综合分析，并依据风险对项目目标的影响程度进行项目分级排序的过程。依据风险管理计划、风险及风险条件排序表、历史资料、专家判断及其他计划结果，利用面谈、灵敏度分析、决策分析、模拟的方法和技术，得出量化序列表、项目确认研究，以及所需应急资源等量化结果。风险估计的对象是项目的各个风险，非项目整体风险。

风险估计的目的就是加深对项目本身和环境的理解，进一步寻找实现项目目标的可行方案；明确不确定性对项目其他各个方面的影响；使项目所有的不确定性和风险都经过充分、系统的理解；同时，比较项目各种方案或行动路线的风险大小，从中选择出威胁最小、机会最多的方案或行动路线。

对风险进行概率估计的方法有两种：一种是利用历史统计资料确定风险概率分布的客观概率估计法；另一种是通过主观概率确定风险概率的主观概率估计法。

5.1.1 客观概率估计法

客观概率估计法是根据大量试验，用统计的方法进行计算，这种方法所得数值是客观存在的，不以人的意志为转移。当工程项目某些风险事件或其影响因素积累有较多的数据资料时，就可以通过对这些数据资料的整理分析，从中找出某种规律性，进而大致确定风险因素或风险事件的概率分布类型。数据资料的整理和分析就是制作频率直方图或累积频率分布图。频率直方图和累积频率分布图反映样本数据的分布规律性。在直角坐标系下以小矩形表示所获样本数据分组构成的区间及其对应的频率，每个小矩形上边的中点用光滑曲线相连，得到的曲线即估计的风险密度函数曲线，根据该曲线可找到与其形状接近的常用函数分布曲线，比如正态分布。当数据量较大时，估计的密度曲线能以很大的概率接近实际的密度曲线，即用样本的分布代替总体的分布，根据估计的密度曲线形状确定实际的分布。必要时可利用已有的实际数据对假设的分布类型进行检验。

概率分布有连续型和离散型两大类。工程项目风险管理常用的连续型概率分布包括：均匀分布、正态分布、指数分布、三角分布、梯形分布、极值分布等；离散型概率分布包括：伯努利二项分布、泊松分布等。可以根据实际情况进行概率分布类型的选择。从概率分布中可得到诸如期望值、标准差、差异系数等信息，对风险估计非常有用。

在工程实践中，有些风险因素或风险事件的发生是一种较为普遍的现象，前人已做过许多的探索和研究，并得到了这些风险因素或风险事件随机变化的规律，即分布的概率。对这种情况，就可利用已知的理论概率分布，根据工程的具体情况去求风险因素或风险事件发生的概率。比如，正态分布在工程项目风险管理的各种分布的应用中居于首位。在正常生产条件下，工程项目施工工序质量的计量值服从正态分布；土工试验得到的一些参数，如抗剪强度被认为近似服从正态分布；工程项目施工工期一般也认为是近似服从正态分布的。因此，在分析工程质量风险、地质地基风险、工期风险时，就可直接利用正态分布进行分析。

5.1.2 主观概率估计法

由于在实际可行性研究中进行风险分析时，所遇到的事件常常不可能做试验，特别是工程项目具有明显的一次性和单件性，可比性较低，工程项目的风险特性和风险因素往往也相差很远，根本就没有或很少有可以利用的历史数据和资料。但由于决策的需要，必须对事物出现的可能性进行估计，在这种情况下，风险管理人员就只能根据自己的经验评估风险事件发生的概率或概率分布。这种由有关专家对事件的概率做出一个合理的估计的方法就是主观概率估计法。

利用主观概率估计法分析工程项目风险时应注意到，主观概率反映的是特定的个体对特定事件的判断。在某种程度上，主观概率反映了个体在一定情况下的自信程度。用主观概率估计风险因素或风险事件发生概率的常用方法有：等可能法、主观测验法、专家调查法等。主观概率估计法是估计者根据合理的判断和当时能收集到的有限信息以及长期的经验积累所进行估计的结果。

实际上，通过客观概率和主观概率进行风险估计的使用方法几乎一样，主观概率在风险估计中的应用近几年来已经日益引起人们的重视。

5.2 大型工程项目风险估计的计量标度

对风险估计进行计量是为了取得有关数值或排列顺序。计量使用标识、序数、基数和比率四种标度。

5.2.1 标识标度

标识对象或事件，可用来区分不同的风险，但不涉及数量。不同的颜色和符号都可以作为标识标度。在尚未充分掌握风险的所有方面或其与已知风险的关系时，可使用标识标度。

5.2.2 序数标度

事先确定一个基准，然后按照与这个基准的差距大小将风险排出先后顺序，使之彼此区别开来。利用序数标度还能判断一个风险是大于、等于还是小于另一个风险。但是，序数标度无法判断各风险之间的具体差别大小。将风险分为已知风险、可预测风险和不可预测风险的就是序数标度。

5.2.3 基数标度

使用基数标度不但可以把各个风险彼此区别开来，还可以确定风险彼此差别的大小。

5.2.4 比率标度

比率标度不但可以确定风险彼此差别的大小，还可以确定一个计量起点。风险发生的概率就是一种比率标度。

5.3 常用的风险估计方法

5.3.1 主观评分法

主观评分法是利用专家的经验等隐性知识，直观判断项目每一单个风险并赋予相应的权重，如 0 到 1 之间的一个数。然后把各个风险的权重加起来，再与风险评价基准进行分析比较。

5.3.2 决策树分析法

采用决策树分析法（decision tree analysis，简称 DTA）来评

价项目风险，一般比其他评价方法更直观、清晰，便于项目管理者思考和进行集体探讨。

5.3.3　层次分析法

层次分析法（analytic hierarchy process，简称 AHP）是 20 世纪 70 年代由美国学者提出的，是一种在经济学、管理学中广泛应用的方法。层次分析法可以将无法量化的风险按照大小排出顺序，把它们彼此区别开来。

5.3.4　模糊综合评价法

模糊综合评价法是模糊数学在实际工作中的一种应用方式。综合评价就是对受到多个因素影响的评价对象做出全面的评价。

5.3.5　故障树分析法

故障树分析法（fault tree analysis，简称 FTA）多被广泛用于大型工程项目风险分析识别系统之中。该方法是利用图解的形式，将大的故障分解成各种小的故障，或对各种引起故障的原因进行分析。因图的形状像树枝一样，越分越多，故称故障树。故障树分析实际上是借用可靠性工程中的失效树形式对引起风险的各种因素进行分层次的识别。

5.3.6 外推法

外推法是进行项目风险分析的一种十分有效的方法，它可分为前推、后推和旁推三种类型。前推法就是根据历史的经验和数据推断出未来事件发生的概率及其后果。后推法是在手头没有历史数据可供使用时所采用的一种方法，由于大型工程项目的一次性和不可重复性，所以在项目风险评估和分析时常用后推法。旁推法就是利用类似项目的数据进行外推，用某一项目的历史记录对新的类似项目可能遇到的风险进行评估和分析，当然这还得充分考虑新环境的各种变化。这三种外推法在项目风险评估和分析中都得到了广泛的应用。

5.3.7 蒙特卡罗模拟法

蒙特卡罗模拟法（Monte Carlo simulation method），又称统计试验法或随机模拟法。该法是一种通过对随机变量的统计试验，随机模拟求解数学、物理、工程技术问题近似解的数学方法，其特点是用数学方法在计算机上模拟实际概率过程，然后加以统计处理，此法最初是用来模拟核反应堆中子的行为活动。蒙特卡罗模拟法借助人对未来事件的主观概率估计及计算机随机模拟，解决难以用数学分析方法求解的动态系统复杂问题，具有极大的优越性，已成为当今风险分析的主要工具之一。

6 大型工程项目主体行为风险评价

对大型工程项目的各种安全风险因素进行识别与分析后，对于具体风险因素的评估分析就显得尤为重要。对于一个项目的风险因素评估就是应用各类安全风险分析模型、技术和方法，对项目的各种不确定性因素加以管控。以此为基础，制定有效的应急响应策略、安全风险规避方案，并做出最佳的安全风险管控规划。传统的安全风险评估更多针对的是项目的某个阶段进行安全风险的分析评估，并没有全面考虑安全风险的系统性。此外，项目主体对于某种特定的项目安全风险所持有的态度，以及能够承担的风险压力也是风险评估中应当充分考虑的因素。项目安全风险评估就是要在安全因素识别与分析的基础上，从系统性、全面性角度综合考虑风险因素之间的相互影响和相互作用，并且要从利益相关者的视角考虑各项风险能否被接受。

目前项目分析评估的方法、手段非常多，既有主观定性的评估方法，也有客观量化的评估方法，还有将定性与定量相结合的评估方法。定量分析方法通常采用统计学中的分布、概率、平均数等工具，由于工程项目具有临时性、复杂性、唯一性等诸多特点，因此在整个项目推进落地过程中，没有一种方法能够适用于所有场景。因此，需要结合不同方法的优势，通过激发项目利益相关者的主观能动性和创造力，从而提出在项目动态环境中能够具体解决安全风险问题的有效方案。

6.1　项目评价的准则和过程

项目安全风险评估就是要针对各类安全风险因素对于整体项目的影响进行全方位的分析，基于分析制定的响应策略，项目评估一般遵从以下基本准则：

（1）目标准则。安全风险评估需要紧扣项目目标，对于对项目的目标实现有着重大影响的因素，需要管理层进行全面认真的分析评估，确认能否进行规避或管控。安全风险规避是项目评估的最基础准则。

（2）权衡准则。一个项目的风险与其整体收益之间并不具有必然关系，风险与机会往往共存，高风险可能会带来较高的项目收益，项目评估的关键需要确认组织对于不可避免的项目风险的承担能力。

（3）成本最优准则。某些项目的风险无须付出重大代价就可以有效规避，因此遵循最小成本准则，将风险管控成本控制在最小限度，做到最大范围的风险管控即可。

（4）成本收益准则。对于项目风险的管控处置必然涉及成本付出，项目组织的管理者需要从风险管控后的收益角度进行评估，只有当收益超过成本时才具有风险处置意愿。

（5）社会费用最低准则。项目是社会的有机组成部分，项目风险也是社会风险的一类，对于项目风险的管控应当首先体现社会费用最低准则。

在时间周期上，我们可以将安全风险管控划分为识别预警、过程管控和事后评估等三个阶段。风险评估将贯穿于整个安全风险管控过程中，也是风险决策的重要依据。

项目风险评估的过程如图 6-1 所示。

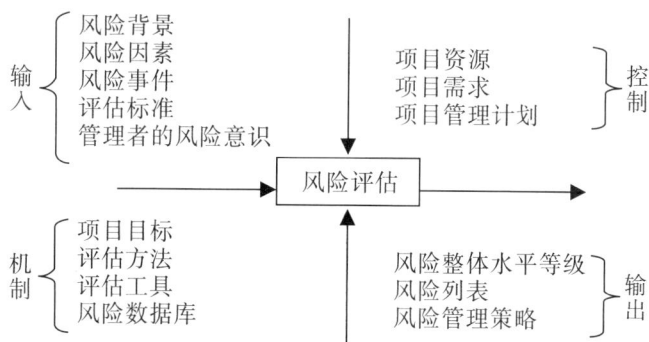

图 6-1　项目风险评估过程

图 6-1 的左上角显示的是项目风险相关信息的输入阶段，通过定性与定量分析，可以得出右下角显示的与项目风险评估相关的输出信息，主要包括风险整体水平等级、排序、评估以及后续的应对策略建议。

图 6-1 的右上角显示的是项目风险评估调节过程，主要包括项目资源、需求、风险管控以及风险评估的全生命周期。图 6-1 的左下角显示的各个因素是对项目风险评估的全流程支撑，这些都为大型工程项目的风险评估锁定了具体方向，评估工具、方法以及与风险相关的数据库都是支撑风险评估的有力手段。

6.2 项目主体行为风险评价的定性分析

对于工程项目的风险因素分析一般主要包括定性、定量以及两者相互结合三种方法，其中定性分析对大型工程项目组织管理层的工作经验、风险直觉具有较高的要求，也是基于管理层的主观评估加以分析，项目管理实践中应用的定性分析主要包括安全检查、风险预先分析、主观评估、因果分析等方法。

6.2.1 各种定性分析方法适用评价

项目风险评估的主观评估方法，需要依靠组织管理人员以及项目咨询专家在大型工程项目实践过程中积累的工作经验和风险直觉，这些信息往往难以通过文字表达。项目风险评估人员需要根据管理者和专家的隐性知识，对项目风险进行加权评估，再通过与项目组织所能够承担的项目风险基线进行比对，最终得出项目风险能否接受的总体结论。主观评估方法是一种专家经验性方法，这种方法主要应用于大型工程项目的重要资料缺失、无法依据数据进行定量分析的情况，对项目管理人员以及专家具有较高的要求，需要他们具备丰富的项目风险管理经验以及合理的逻辑推理思维，更需要在信息量缺少的情况下做出有效决策的能力，并且要求尽量避免出现重大的认知偏差。

风险预先分析方法则是对项目内部各类风险因素及其等级进

行事先分析，通过全面梳理项目实施的所有流程、所有环节，针对项目存在的各种风险来源进行逐一排查分析，基于历史风险事件以及行业内同类风险事件作对比分析，有效识别风险可能的转化状态，提前制定风险事先分析表，评估风险等级，制作风险应对预案。风险预先分析的最终目标是要找到项目中存在的诸多危险因子，评估其风险等级，同时制定对策避免风险进一步恶化为危险事件。在大型工程项目中应用新工艺、新技术、使用生产效率更高的设备系统，都是一种降低风险的有效方法，这个方法的缺点是对于个人主观因素的评估有依赖性。

德尔菲分析方法本质上是基于匿名咨询的反馈方法，该方法的基本流程是先向专家征求需要分析的各种问题的相关意见，对专家意见与结论进行统计，然后将汇总结果反馈给专家，由专家根据结果进行个人意见调整或补充，通过多轮反馈征求意见，最终得到一组相对稳定的专家团体意见。德尔菲分析方法具有匿名、反馈和小组统计三个特点。该方法能够集中集体智慧，有效规避权威意见的指引与干扰，能够有效发挥专家团队的群体性智慧，具有较大的问题针对性；其缺点是征求意见过程相对较长，并且整体过程的操作费用较高。

大型工程项目的定性风险评估本质上是一种主观评估方法，对于一些具有较强主观性的项目风险评估分析，具有较大的帮助。项目风险评估问题主要涉及两个方面：一方面是项目风险发生的可能性有多大；另一方面是项目风险发生后的直接或间接影响。可以通过应用定性与定量相互结合的分析方法来综合分析风险发生概率，应用层次分析、模糊评估等定量方法分析项目风险的具体影响。层次分析方法能够帮助人们在短时间内针对大量的项目风险进行评估，研究表明该方法在大型工程项目中具有较好的效果。模糊评估则可以有效地评估拥有多个风险变量的项目，评估结果更接近客观实际，能够被项目责任主体所接受。

6.2.2　基于利益相关者的主体行为风险评价

常规的项目风险评估一般先从客户事件着手，基于项目风险识别及分析评估，统计风险发生的可能性及影响程度，以此评估项目能否成功。以"铁三角"评估模型为例，基于项目周期、项目费用和项目质量等三个因素综合评估项目能否达到预期效果。利益相关者模型，更多考虑项目结果能否满足利益相关者要求为判断标准。例如悉尼歌剧院项目预算为 700 万澳元，计划项目工期是 8 年，但是最终整体项目耗资 1 200 万澳元，项目工期延期 6 年。若用铁三角模型评估，悉尼歌剧院将被认为是一个失败项目，但是其最终得到全社会的极高评价，是 20 世纪最优秀的建筑之一，在澳大利亚国民眼中是一个杰出成功之作。因此项目是否成功不仅要考虑铁三角指标，还要考虑项目能否让项目的关系人满意。

总体上，项目风险的来源既有客观事件，也有项目责任主体的某种特定行为，这些都能够诱发相应的潜在风险。与客观风险相比，责任主体的行为风险具有特殊性，这种风险与项目责任主体的行为和行业决策有着十分紧密的关系，也是项目的第一性风险。能否有效识别、定性项目责任主体的特定行为以及该行为对于项目关系人的利益影响，对于项目能否成功推进具有重大意义。

6.2.3 利益相关者影响的评价模型

基于上文分析，我们可推导出项目关系人的某类行为会对项目造成积极或消极影响，行为的不确定性蕴含着特定风险，在某些特定阶段对于项目的影响巨大甚至是灾难性的。因此，项目管理层需要根据项目运行的不同阶段，动态评估分析项目关系人的各类行为可能产生的影响，图 6 - 2 展示了这种影响的过程化模型。

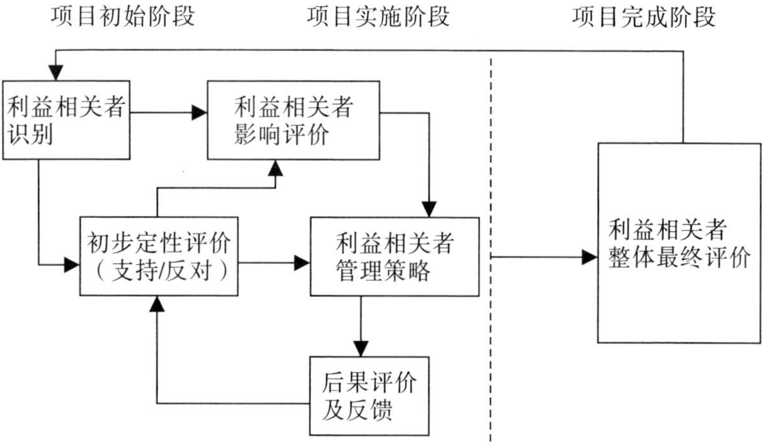

图 6 - 2　项目利益相关者影响评价过程

利益相关者的项目满意度评估过程最为重要，而他们对项目产生不满的原因主要包括以下三个方面：①由于缺乏对项目开展信息的充分了解，甚至存在误解，造成利益相关者的看法、期望无法被清楚地提出、理解；②因为利益相关者存在的认知差异，基于期望和公平的原则，无法合理地估算项目的实际产生效果；③即使能够相对准确地估算项目绩效，但是与利益相关者各自的期望值相比，存在不能够满足所有相关方期望的情况。第一方面问题是由信息完整性和信任度造成；第二方面问题是由各方同理与时效性造成；第三方面问题是由项目整体绩效造成。前两方面主要与项目沟通管理、项目评估过程直接相关，第三方面涉及项目最终履约情况，信息不完整、项目绩效无法达成都会造成项目利益相关者对于项目的不满意。

对于项目责任主体风险进行定量分析评估，一般应用数学、概率论、仿真等手段对项目风险进行数据化采集处理，以此作为风险评估的依据，确定风险防控的最终应对方案。比较常用的方法有层次分析法、故障树分析法、模糊评估法、LEC 分析法（likelihood，事故发生的可能性；exposure，人员暴露于危险环境中的频繁程度；consequence，一旦发生事故可能造成的后果）和人工网络分析法。

6.3 项目主体行为风险评价的定量分析

6.3.1 各种定量分析方法适用分析

1. 层次分析法

著名运筹学家萨蒂于 20 世纪 70 年代提出层次分析法，该分析方法是一种基于多方案、多目标的总体决策方法，整体上层次分析法结合了定量与定性分析，并且按照思维、心理规律对决策过程进行量化、层次化。层次分析法具有灵活性，广泛应用于社会经济多个领域，例如科研评估、城市规划等。

层次分析法简称 AHP 分析法，是一种结合了定性分析与定量分析的综合分析方法，既运用了系统化分析，又考虑了层次化分析，该方法在解决复杂决策问题时具有较好的实用性，得到多个领域的应用与重视，特别在医疗、环境、教育、农业等领域应用较多。层次分析法的主要步骤如下：

（1）层次结构模型的建立。需要首先针对面临的问题进行深入分析研究，明确问题所涉及的各个影响因素，针对因素特点将其划分为不同层次，同时确保每层因素与其上层、下层因素之间具有关联性，置于最上层的因素称为目标层，通常情况下只有一个影响因子，方案层一般置于最下层，中间层被称为准则层或指标层。

（2）构建对比矩阵。针对建立的层次结构模型，除第一层外，对处于同一层次的各个因子，利用相互比较的方法构建对比矩阵，层层分析至最底层。

（3）设置权重、进行检验分析。针对构建的对比矩阵，计算特征矢量及最大特征根，利用随机一致性指标验证所构建的对比矩阵是否具有一致性。如果一致性检验通过，那么特征矢量也就是对比矩阵的权重矢量，如果检验不通过，就需要重新构建对比矩阵。

（4）进行组合一致性校验。通过计算最底层各因子对目标因子组合的权重矢量，利用公式校验因子组合的一致性，通过校验可以依照组合的权重矢量进行决策分析。如果不通过，则需要重新调整模型、构建对比矩阵。

通过对影响问题、决策的各个因素进行分层分析，这些因素将逐一归属为最高、中间和最底层。最高层因素代表待解决问题的目标，目标实现依据的标准，准则由中间层表示，最底层则具体描述了待解决问题的细化方案。将问题所涉及的全部因素纳入一个层次分析体系中，可以清晰地表达各个因素的直接、间接关系。

该方法的主要优点有：一是能够进行系统分析，思路结构清晰；二是利用定性与定量相结合的分析技术，能够有效解决多种复杂问题；三是通过标度方法对比一些无法测量的问题因子，增加对问题的客观分析。

该方法的主要缺点有：一是问题需要考虑的因素过多时，进行判断分析的工作量巨大，容易造成判断、标度错误；二是专家规模、专业能力以及专家之间的分析独立性对于层次分析方法同样重要，目前存在重视不够的问题，一般较多地关注矩阵一致性问题；三是量化信息应用不充分，具有一定的主观倾向性。

2. 蒙特卡罗模拟法

蒙特卡罗模拟法，又被称为随机抽样分析法，此法的主要思想就是将待评估的风险都看作随机变量，结合具有特定规律或规则的随机数值，利用数学算法和计算机方法对风险变量之间的组合以及动态变化进行模拟分析，最终求解出变量的具体特征统计量，以此作为风险因子的近似解。该方法对于那些无法利用数学算法进行求解的复杂度高、不确定性高的问题解决效果较好。该模拟方法的原理是：首先设定函数 $Y = f(X_1, X_2, \cdots, X_n)$，其中 $X_1, X_2, \cdots, X_n$ 通过专家分析初步确定它们的概率，函数 Y 的特征解以及概率分布难以确定。利用随机数生成器生成不确定因素组合的样本值，然后根据 Y 与 X 的特定关系模型最终确定 Y_i 数值。利用计算机进行成百上千次的重复计算，针对各种不确定组合，最终可以得到 Y_i 数据，当模拟次数非常大时，将能够导出函数 Y 近似的数字特征解和概率分布。接着对计算产生的以上数值样本开展统计处置，解出与统计相关的各种统计值，例如最大值、最小值、平均值、众数、标准差以及置信度等。依据这些信息，利用定量分析方法进一步评估各个风险因子对项目的具体影响。

该方法能够较好地应用于项目风险因素的评估，以及其他关系相对复杂的各种风险事件评估，这种分析方法充分考虑了项目所具有的系统性风险，具有概率分析偏小、经济快速的优势。由于这种方法同样需要借助专家团队的主观判断对风险结果进行预测分析，而无法从长期角度预测复杂性项目，对于项目责任主体的行为风险更加难以准确预测分析。总之，该模拟分析方法包含的参数具敏感性，利用概率、数量分析方法对于系统风险的量化分析十分有效，但是针对组织行为风险预测难以精准，这是由于组织以及个体行为具有难预测、复杂性高、定型化的特点。

3. 故障树分析法

故障树分析法又被称为事故树分析法，该方法遵循由结果反向定位原因的整体逻辑，通过将项目风险由总体到细节以"树"形结果加以展开分析。该方法既可以分析事故的表面、直接原

因，又可以推导出事故可能存在的潜在原因；可以利用定性分析
手段，也可以结合定量分析；既可以分析故障现象的局部细节，
又可以用于由多种复杂因素构成的故障分析。因此，此法在组织
行为、个体行为、环境因素分析中应用较多，是具有发展潜力的
项目风险评估分析方法。

从分析的步骤看，故障树分析法首先需要掌握运营系统所涉
及的各类参数，需要输入尽可能全面的事故、故障信息资料，选
定分析对象后，可以从事件发生概率以及事件引发的后果影响等
两个方面进一步深入分析。在全面深入调查项目所涉及的各个因
素后，依据逻辑演绎绘制出故障树，同时结合定性分析划分最小
分割集合，计算分析对象可能发生的事件概率，最终定量分析整
体系统可能发生的事故概率。

故障树分析法具有逻辑性强、直观性强、形象化等优点，可
以利用计算机分析处理系统面临的各个风险因素，该分析方法的
分析结论具有预测性、准确性和全面性。其缺点在于问题故障树
的构建以及整个计算过程非常复杂，同时底层事件在数量规模上
存在限制，并且基本事件只有失效、常态两个结果，当遇到复杂
系统时，容易发生遗漏和出现错误。

6.3.2 模糊综合评价法

在项目风险分析评估中，某些事件并不具有清晰的层次，事
物之间的分界线比较模糊，项目风险的衡量也无法应用单一评估
标准，风险因素往往具有模糊特征，结果发生的可能性无法准确

描述，只能进行风险高、中、低等模糊性描述，为此，美国专家扎德创造性地提出了模糊集合论。

扎德的模糊集合论是使用数学语言描述模糊事件，将传统"二值逻辑"拓展为"连续逻辑"，在项目风险评估分析过程中应用模糊理论，也就是将那些可预测、离散的风险信息应用概率进行描述，将那些模糊、非随机且连续的风险数据利用模糊集合进行描述。模糊综合评价法的原理就是通过识别、综合分析系统中包含的各种风险因子，应用专家评估方法对各因子进行权重设置，通过构建模糊评估模型，统计风险事件可能发生的概率，依据隶属度原则，最高风险值就是风险的确定值。模糊综合评价法的主要步骤如下：①全面考虑风险评估因子，构建评估因子集合；②根据项目评估目标，将风险因子划分为各个层次；③针对每个风险因素实施评估，构建评判矩阵；④根据每个风险因素的评估标准及重要性，明确因子的权重；⑤运用模糊算法，计算综合评估结果；⑥确定项目风险对应的等级水平。

由于项目风险存在极大的不确定性，通过将定性分析与定量分析相结合，采用模糊综合评价法对模糊问题进行量化，能够应用于各种风险评估场景。然而对于风险因素模糊关系所对应的隶属度需要专家进行主观判定，在评估因子不多并且对评估精准度要求不高的情况下，建议应用模糊综合评价法，同时对于风险因素权重值的设置建议采用层次分析法。

基于上述分析，我们可以看到每种评估方法都有局限性，无法适用于所有的应用场景。对于项目责任主体行为风险的评估还需要结合工程项目的特点，运用定性与定量相结合的分析方法进行综合分析。目前对于工程项目责任主体行为风险尚未建立一套行之有效的评估方法，同时考虑到工程项目的复杂性和唯一性特点，以专家的主观评估分析方法作为基础分析方法，分析数据通过过程监控、观测记录、直觉经验、头脑风暴等各种途径收集。建立一套全新的项目风险评估分析体系，用于评价项目责任主体行为的潜在风险，是下一阶段的重点研究方向，该评估体系将能够更加全面地识别和分析风险，从而更有效地应对风险。

6.4 工程项目主体行为风险的模糊综合评价

6.4.1 主体行为风险模糊综合评价中的 FAHP 应用

1. 模糊层次分析法的思想

一般的层次分析法对于标度方法的选取使用的是确定性方法，从而在计算时忽视了专家的评估模糊性。将模糊分析与层次分析相结合形成的模糊层次分析法就是增加了专家模糊性的统筹考虑，应用模糊分析理论与层次评估分析进行综合评估，这种综合方法的步骤与传统分析方法相类似，主要的差异在于指标权重的计算。

总体上，模糊层次分析法主要有两类：一类是以模糊一致性矩阵为基础的分析方法；另一类是以模糊数为基础的分析方法。针对项目责任方进行的行为风险分析可采用以三角模糊数为基础的分析方法，若要确定不同层次评估指标的具体权重，则采用判断矩阵进行互补。

2. 模糊层次分析法的特征

模糊层次分析法是在层次分析法基础上进行的改进，问题决策者通过比较两个指标或者对比两个分析对象之间的相对重要性，并利用定性化语言对重要性进行描述，例如高、中、低，或者重要、一般、不重要等，当计算最终的权重值时，就需要把这些定性化语言进行定量转换，只是这种量化转换并不精准，无法确认"重要"比"一般"的重要性高多少，这是因为模糊语言无法通过具体数值进行表达。模糊层次分析法是利用区间函数对层次分析法进行改进的，重点对模糊判断矩阵构建进行了优化。

构建模糊判断矩阵就是对矩阵中各个元素进行标度的过程，由于定性分析方法造成一般层次分析法无法将专家的模糊评估进入统筹考虑，在利用模糊层次分析法构建判断矩阵时，可运用模糊数、区间数进行表示。此外，由于三角模糊数同时包含了区间定义，利用中值体现不同指标之间相互比较的可能关系，可以较好地反映专家在主观上对于各个指标重要性的评估，下面对于模糊判定方法选择上使用了三角模糊数。

3. 三角模糊数

三角模糊数对数值进行模糊性描述具有优势，对于给定的区域 $\mathbf{R}$ 上的某个模糊集，任意 $x \in \mathbf{R}$ 均有一个数 $\mu(x) \in [0,1]$ 与之相对应，那么 μ 是隶属函数，$\mu(x)$ 是 x 对 $\mathbf{R}$ 的隶属度，如图 $6-3$ 所示。

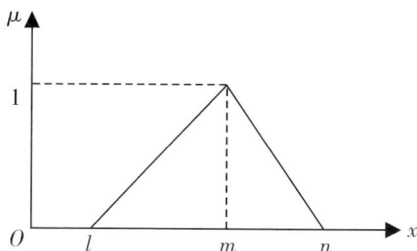

图6-3 三角模糊数隶属函数图

三角模糊数中，其中1至9分别用于描述两个分析对象之间的相对重要性，利用这种描述可以基于层次分析法建立判断矩阵。在对大型工程项目的具体施工方进行选取时，利用模糊层次分析法，其步骤首先是采用语言评估专家意见，接着使用1至9对专家意见进行量化，例如"9"表示非常重要，"5"表示比较重要，"1"就表示最不重要，以此为判断标准进行综合评估，最后利用三角模糊隶属函数对专家比对的重要性进行描述，例如（7，8，9）代表非常重要，（4，5，6）代表一般重要，（1，2，3）代表不重要。

4. 模糊层次分析法的主要步骤

模糊层次分析法主要包含四个步骤：①对系统中每个因素相互关系进行分析，构建评估指标体系；②对于同一层次上因素的某项准则，对其重要性进行相互之间的比对，并构建用于比对评估的模糊矩阵；③针对模糊判断矩阵实施一致性评估，同时调整未满足一致性检查的矩阵；④对每一层分别计算对其上层评估准则的权重值，最终计算每一层对最终目标的最终权重值。

模糊层次分析法的整体计算过程与层次分析法相类似，主要差异是其运用隶属函数替代数值进行矩阵运算。

5. 建立评价指标

工程建设项目所涉及的项目风险因素主要包括主观风险与客观风险，在此仅考虑工程项目责任主体的组织行为产生的不可确定性风险。项目责任主体主要包括设计单位、承包单位、监理单位和政府机构，各个项目责任主体在项目实施的不同阶段将对项目产生不同的影响，不同的责任主体对不同项目的影响差异也较大。对于项目评估风险要区别分析、区别对待，例如通过上文提到的利益相关者分析方法进行重要性分析。在此以项目甲方、监理方、承包商、设计单位四个项目责任主体为例，通过构建评估分析模型，运用风险识别因素分析评估方法，对项目责任主体行为的风险进行全面深入分析，具体内容如表 6－1 所示。

6. 构建模糊判断矩阵计算指标重要度

确定每一层内各个指标对上一层指标的权重，关键在于建立模糊判断矩阵。在此请一支三人组成的专家队伍来提供评判信息，创建三角模糊判断矩阵 $R = (r_{ij})_{n \times n} = (l_{ij}, m_{ij}, u_{ij})_{n \times n}$。其中，$r_{ij} = (l_{ij}, m_{ij}, u_{ij})$ 为一个三角模糊数。

涉及的基础数学运算规则有：

加法运算：$H_1 + H_2 = (l_1 + l_2, m_1 + m_2, u_1 + u_2)$

乘法运算：$H_1 H_2 = (l_1 l_2, m_1 m_2, u_1 u_2)$

倒数运算：$\dfrac{1}{H_1} = (\dfrac{1}{l_1}, \dfrac{1}{m_1}, \dfrac{1}{u_1})$

表 6 - 1 主体行为风险评价指标体系

		工程进度 U_{11}
项目主体行为风险 U	业主 U_1	项目组织管理 U_{12}
		项目计划 U_{13}
		项目资金 U_{14}
	承包商 U_2	项目施工 U_{21}
		项目组织管理 U_{22}
		合同 U_{23}
		责任 U_{24}
	监理方 U_3	项目组织管理 U_{31}
		职责履行 U_{32}
		责任 U_{33}
	勘察设计 U_4	项目进度预测 U_{41}
		项目设计规划 U_{42}
		现场勘察 U_{43}

因为模糊一致判断矩阵 R 是面向上层因子而在本层与之相关所有因子的相对重要程度。在此采取 AHP 法中的 1～9 标度法表示, 如表 6 - 2 所示。

当指标 j 比指标 i 重要时, 三角模糊数 $r_{ji} = (l_{ji}, m_{ji}, u_{ji})$ 的 l_{ji} 与 u_{ji} 是这个三角模糊数的上界与下界。

当指标 i 比 j 重要时, 三角模糊数 $r_{ij} = (l_{ij}, m_{ij}, u_{ij})$ 的 l_{ij} 与 u_{ij} 也是这个三角模糊数的上界与下界, 但是 m_{ij} 表示这个指标 i 与 j 相比的重要性。设 $\alpha_{ij} = m_{ij} - l_{ij}$, $\beta_{ij} = u_{ij} - m_{ij}$, 如果 $\alpha \geq 0$, $\beta \leq \dfrac{1}{2}$, 则模糊度偏小, 无法体现模糊性; 如果 $\alpha < 1$, $\beta \geq 1$, 模糊度

偏高，并且置信度降低；如果 $\alpha \geqslant 1$，$\beta \geqslant 1$，可以推导出相对理想的结果。

表 6 - 2　判断矩阵标度

标度	含义
1	A 与 B 比较，A 与 B 同等重要
3	A 与 B 比较，A 比 B 稍微重要
5	A 与 B 比较，A 比 B 明显重要
7	A 与 B 比较，A 比 B 强烈重要
9	A 与 B 比较，A 比 B 极端重要
2，4，6，8	以上两个相邻比较中的 j 值

那么，由专家队伍对某工程项目主体行为风险进行评价后，下面将通过项目施工、组织管理、合同、责任四个指标对承包商进行具体步骤实现的计算。得到相关的模糊判断矩阵，如表 6 - 3 所示。

表 6 - 3　二级评价指标对承包商的模糊判断矩阵

模糊判断矩阵	U_{21}	U_{22}	U_{23}	U_{24}
U_{21}	(1，1，1)	(3/4，2/3，5/3)	(7/5，2，9/4)	(3/8，1/4，1/4)
	(1，1，1)	(4/3，2，13/4)	(3/2，3，16/5)	(3/13，2/5，2/7)
	(1，1，1)	(3/2，2，19/7)	(6/5，2，13/4)	(5/12，1/3，4/7)

（续上表）

模糊判断矩阵	U_{21}	U_{22}	U_{23}	U_{24}
U_{22}	(4/5, 1, 8/3) (2/3, 2, 3/4) (1/3, 1/2, 4/3)	(1, 1, 1) (1, 1, 1) (1, 1, 1)	(5/4, 2, 5/3) (4/3, 3, 11/4) (3/2, 1, 16/5)	(2/3, 1, 9/4) (5/3, 2, 5/3) (2/3, 1, 9/5)
U_{23}	(5/7, 1, 1/2) (2/5, 1, 3/5) (3/8, 1/2, 9/2)	(5/3, 4, 23/5) (9/4, 8/3, 17/5) (11/3, 4, 14/3)	(1, 1, 1) (1, 1, 1) (1, 1, 1)	(5/23, 1/3, 2/11) (4/27, 1/6, 5/17) (5/18, 1/4, 2/7)
U_{24}	(13/4, 2, 23/5) (7/4, 4, 29/6) (7/3, 9/2, 19/3)	(3/8, 1/3, 4/5) (3/4, 1/2, 5/3) (3/5, 1/2, 2)	(1/6, 1/2, 5/12) (5/18, 1/3, 5/11) (2/7, 2/5, 2/9)	(1, 1, 1) (1, 1, 1) (1, 1, 1)

通过模糊判断矩阵，对专家组的评价值求平均，便可以得到：

$$R = \left\{ \begin{array}{cccc} \{1, 1, 1\} & \{1.194, 1.556, 2.544\} & \{1.367, 2.333, 2.9\} & \{1.012, 0.983, 1.107\} \\ \{1.8, 3.5, 4.749\} & \{1, 1, 1\} & \{1.361, 2, 2.539\} & \{1, 1.333, 1.905\} \\ \{0.496, 0.833, 1.866\} & \{7.582, 10.667, 12.667\} & \{1, 1, 1\} & \{0.214, 0.25, 0.254\} \\ \{2.444, 3.5, 5.25\} & \{0.575, 0.444, 1.489\} & \{0.23, 0.61, 1.1\} & \{1, 1, 1\} \end{array} \right\}$$

再对 R 进行求解 H_θ，得：

$$H_\theta = \begin{cases} \{4.573, 5.872, 7.551\} \\ \{5.161, 7.833, 10.193\} \\ \{9.292, 12.75, 15.787\} \\ \{4.249, 5.554, 8.839\} \end{cases}$$

接着，假设三角模糊数 H_i 用于描述模糊判断矩阵的第 i 个指标与其他指标相比的总体重要性。基于公式：

$$H_i = \sum_{j=1}^{n} H_{\theta i} \cdot \left(\sum_{i=1}^{n} \sum_{j=1}^{n} H_{\theta i} \right)^{-1}$$

其中 $i, j = 1, 2, \cdots, n$。

可以求得每个具体指标的总体重要性。一级指标业主、承包商、监理方、勘察设计的综合重要程度分别为：

$$H_1 = \{4.573, 5.872, 7.551\} \cdot \left\{ \frac{1}{23.275}, \frac{1}{32.009}, \frac{1}{42.37} \right\}$$
$$= \{0.108, 0.252, 0.236\}$$

$$H_2 = \{5.161, 7.833, 10.193\} \cdot \left\{ \frac{1}{23.275}, \frac{1}{32.009}, \frac{1}{42.37} \right\}$$
$$= \{0.122, 0.337, 0.318\}$$

$$H_3 = \{9.292, 12.75, 15.787\} \cdot \left\{ \frac{1}{23.275}, \frac{1}{32.009}, \frac{1}{42.37} \right\}$$
$$= \{0.219, 0.548, 0.493\}$$

$$H_4 = \{4.249, 5.554, 8.839\} \cdot \left\{ \frac{1}{23.275}, \frac{1}{32.009}, \frac{1}{42.37} \right\}$$
$$= \{0.1, 0.239, 0.276\}$$

7. 由纯测量度得评价指标的权重值

在三角模糊中纯测量度用 $q(H_i \geq H_1, \cdots, H_n)$ 表示，又被称为三角模糊数 $H_1 \geq H_2$ 的可能性，表示三角模糊数 H 大于 k 个三角模糊数 H_i（$i = 1, 2, \cdots, k$）的可能性。而指标 U_{ki} 与其他同层指标相比的综合重要程度，用 $d(u_i)$ 表示，更直观地说，$d(u_i)$ 为纯测量度中的最小值。

$$d(u_i) = q(H_i \geq H_1, \cdots, H_n) = \min q(H_1 \geq H_k) \quad (6.1)$$

其中，$k = 1, 2, \cdots, n, k \neq i$。

当 $m_1 < m_2$ 时，

$$P(H_1 \geq H_2) = \begin{cases} \dfrac{l_2 - u_1}{(m_1 - u_1) - (m_2 - l_2)} & l_2 < u_1 \\ 0 & l_2 \geq u_1 \end{cases} \quad (6.2)$$

当 $m_1 > m_2$ 时，

$$P(H_1 \geq H_2) = 1 \quad (6.3)$$

利用（6.2）式和（6.3）式，便可以求得二级评价指标中每个指标优于其他同层指标的纯测量度，其求解值见表 6-4。

表 6-4　二级评价指标的纯测量度

	纯测量度	求解值
U_{21}	$P(U_{21} \geq U_{22})$	0.574
	$P(U_{21} \geq U_{23})$	0.054
	$P(U_{21} \geq U_{24})$	1
U_{22}	$P(U_{22} \geq U_{21})$	1
	$P(U_{22} \geq U_{23})$	0.32
	$P(U_{22} \geq U_{24})$	1

（续上表）

	纯测量度	求解值
U_{23}	$P（U_{23}\geqslant U_{21}）$	1
	$P（U_{23}\geqslant U_{22}）$	1
	$P（U_{23}\geqslant U_{24}）$	1
U_{24}	$P（U_{24}\geqslant U_{21}）$	0.927
	$P（U_{24}\geqslant U_{22}）$	0.612
	$P（U_{24}\geqslant U_{23}）$	0.156

既已求得纯测量度，通过（6.1）式的计算可得 $d（U_i）$，进而得到每个具体指标对应的权重：

$$W' = （d（U_1），d（U_2），\cdots，d（U_k））$$

进行归一处理，推导出评估指标的归一后权重：

$$W = （Q_1，Q_2，\cdots，Q_i）$$

其中：

$$Q_i = \frac{d（U_1）}{d（U_1）+d（U_2）+\cdots+d（U_i）}$$

$$（i=1，2，\cdots，i）$$

在这一系列的处理下，便可以得到项目施工、项目组织管理、合同、责任四项对承包商的权重系数分别为 0.035，0.209，0.654，0.102。并且，再同样处理四次，就可以得到主体行为风险指标权重表，如表 6 – 5 所示。

表 6-5 主体行为风险指标权重表

目标层 U	准则层 U_k	指标层 U_{kn}	
项目主体行为风险 U	业主 U_1 (0.272)	工程进度	U_{11} (0.237)
		项目组织管理	U_{12} (0.323)
		项目计划	U_{13} (0.176)
		项目资金	U_{14} (0.264)
	承包商 U_2 (0.408)	项目施工	U_{21} (0.035)
		项目组织管理	U_{22} (0.209)
		合同	U_{23} (0.654)
		责任	U_{24} (0.102)
	监理方 U_3 (0.185)	项目组织管理	U_{31} (0.501)
		职责履行	U_{32} (0.294)
		责任	U_{33} (0.205)
	勘察设计 U_4 (0.135)	项目进度预测	U_{41} (0.528)
		项目设计规划	U_{42} (0.266)
		现场勘察	U_{43} (0.206)

6.4.2 模糊综合评价在行为风险中的具体实现

模糊综合评价法采用取大、取小算法，往往会造成信息丢失不全，容易造成结果无法分辨，最终导致模型失效。因此，在此结合大型工程项目实际情况，对模糊综合评价法进行模型优化，在分析结果的同时，对最大隶属度准则进行调整，提出了加权平均准则。

1. 行为风险的多级模糊综合评价的数据来源

为解释多级模糊综合评价在工程项目主体行为风险中的具体应用，在现实的某项工程项目风险探讨中，我们采用填写问卷的方式。在问卷中拟定了四类风险类型，包括业主、承包商、监理方、勘察设计。主体行为风险评价指标体系的 4 个一级指标和 14 个二级指标，将风险评价设计成李克特量表形式，地点选取了天津、厦门、广州、杭州等地，项目类型主要为房建和交通类，面向 100 位专业人员和房地产公司、监理公司、项目管理咨询公司以及建筑公司发放问卷，回收后对每份问卷进行有效性的审查。其中，回收率 100%，有效率 99%。

2. 多级模糊综合评价结果矢量

采用取大取小法 $M(\wedge, \vee)$ 模糊合并算法将 U_{kn} 与 B 合并得到模糊综合评价结果矢量 $U_{kn} \cdot B$。将问卷调查得到的数据进行处理。为提高计算效率，对主观评估的语言进行量化处理，并将其赋值为 10、8、6、4。其中评判矩阵的构成是通过将房地产公司、监理公司、项目管理咨询公司和建筑公司管理人员以及 100 位专业人员问卷调查的结果除以总数，所得频率随着基数增大，演化成所需隶属度，以构成评判矩阵。最后将得到的评判矩阵代入所构建的模型，计算各级模糊综合评价矢量。

求业主的评价矢量：

$$U_{21} = \{0.237, 0.323, 0.176, 0.264\}$$

$$B = \begin{Bmatrix} \{0.25, 0.56, 0.01, 0.18\} \\ \{0.36, 0.29, 0.02, 0.33\} \\ \{0.09, 0.48, 0.16, 0.27\} \\ \{0.05, 0.09, 0.12, 0.74\} \end{Bmatrix}$$

归一化后得：

$U_{21} \cdot B = \{0.205, 0.334, 0.069, 0.392\}$

求承包商的评价矢量：

$U_{22} = \{0.035, 0.209, 0.654, 0.102\}$

$$B = \begin{cases} \{0.22, 0.15, 0.12, 0.51\} \\ \{0.14, 0.27, 0.22, 0.37\} \\ \{0.05, 0.6, 0.14, 0.21\} \\ \{0.03, 0.45, 0.02, 0.5\} \end{cases}$$

归一化后得：

$U_{22} \cdot B = \{0.073, 0.500, 0.144, 0.283\}$

求监理方的评价矢量：

$U_{23} = \{0.501, 0.294, 0.205\}$

$$B = \begin{cases} \{0.23, 0.21, 0.26, 0.3\} \\ \{0.18, 0.15, 0.47, 0.2\} \\ \{0.38, 0.45, 0.07, 0.1\} \end{cases}$$

归一化后得：

$U_{23} \cdot B = \{0.246, 0.242, 0.282, 0.230\}$

求勘察设计的评价矢量：

$U_{24} = \{0.528, 0.266, 0.206\}$

$$B = \begin{cases} \{0.25, 0.08, 0.47, 0.2\} \\ \{0.25, 0.08, 0.47, 0.2\} \\ \{0.36, 0.22, 0.21, 0.21\} \end{cases}$$

归一化后得：

$U_{24} \cdot B = \{0.251, 0.154, 0.392, 0.203\}$

最后，对项目主体行为风险求解其综合评价矢量：

$U_1 = \{0.272, 0.408, 0.185, 0.135\}$

$$B = \begin{Bmatrix} \{0.34, 0.05, 0.08, 0.53\} \\ \{0.47, 0.04, 0.23, 0.26\} \\ \{0.31, 0.08, 0.14, 0.47\} \\ \{0.44, 0.11, 0.29, 0.16\} \end{Bmatrix}$$

归一化后得：

$U_1 \cdot B = \{0.402, 0.059, 0.180, 0.359\}$

3. 对模糊综合评价结果矢量进行分析

在常规的分析中，最大隶属度准则经常被应用，因考虑到该准则在某些情况下会因信息丢失以致推导出错误结论，故提出运用加权平均准则计算隶属等级。因为风险评估本就是因素之间相对比的结果，所以参照计算结果，在结果上进行等距处理，得出评价界定的标准。表 6-6 就是对业主、承包商、监理方、勘察设计以及总体工程项目行为风险的风险等级判定的标准。

表 6-6　评价定量分级标准

评价界定	风险评语	定级
$x_i > 7$	较大	F1
$6.75 < x_i < 7$	中等	F2
$6.5 < x_i < 6.75$	较小	F3
$x_i < 6.5$	小	F4

最后，对综合评分值进行等级评定。

$$X_1 = 10 \times 0.205 + 8 \times 0.334 + 6 \times 0.069 + 4 \times 0.392 = 6.70$$

$$X_2 = 10 \times 0.073 + 8 \times 0.500 + 6 \times 0.144 + 4 \times 0.283 = 6.73$$

$$X_3 = 10 \times 0.246 + 8 \times 0.242 + 6 \times 0.282 + 4 \times 0.230 = 7.01$$

$$X_4 = 10 \times 0.251 + 8 \times 0.154 + 6 \times 0.392 + 4 \times 0.203 = 6.91$$

$$X_5 = 10 \times 0.402 + 8 \times 0.059 + 6 \times 0.180 + 4 \times 0.359 = 7.01$$

表 6 - 6 作为项目评价的依据，得分越高，说明项目的风险越大。参照表 6 - 6 的评价分级标准，可得某个项目风险评价结果是"业主""承包商""勘察设计"风险属于中等，等级为 F2。而"监理方"风险为较大，属于 F1 级。

通过以上评价矢量的计算，说明某工程总体工程项目行为的风险"较大"。

6.5 利益相关者视角下的故障树风险评价模型

大型工程项目往往面临着同时有几种方案可供选择的情况，这就需要决策者做出决策。在很多情况下，人们还不能完全肯定未来的自然状态，只能通过一些手段预测自然状态出现的概率，这样在选择最佳方案时就要承担一定的风险。此类依据概率的决策为风险决策。

在第 3 章中，利益相关者视角下的风险分为四类：第一类是与业主相关的行为风险，其损失函数为 z_1；第二类是与承包商相关的行为风险，其损失函数为 z_2；第三类是与设计方相关的行为风险，

其损失函数为 z_3；第四类是与监理方相关的行为风险，其损失函数为 z_4。假设与业主相关的行为风险发生的概率为 p_1，与承包商相关的行为风险发生的概率为 p_2，与设计方相关的行为风险发生的概率为 p_3，与监理方相关的行为风险发生的概率为 p_4，则利用故障树分析法可以建立利益相关者视角下的故障树风险评价模型。

6.5.1 模型假设

假设 1：对不同的方案进行风险期望值计算，根据期望值比较方案，最终确定风险最小的为最优方案。

假设 2：将每一个风险因素视为不相关的随机变量，它的取值是这个风险因素可能发生的损失值。

6.5.2 模型的建立

我们将每一种情况都用故障树表示，如图 6-4 所示。

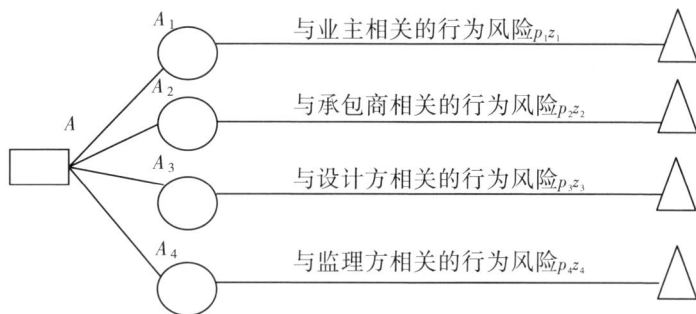

图 6-4 利益相关者视角下的故障树

□——是决策点，决策点的分支是方案，分支的数量是方案的总数目。

○——是机会节点，机会点的分支是概率，一个分支表示一个状态，分支上面标有相应的概率。

△——是末梢节点，末梢点的右边标有数字，表示该状态对应的损失值。

在故障树上计算各方案分支的损失期望值，以评价各类风险。

6.5.3 求解

我们用 E 表示数学期望，则有

①$E(A_1) = z_1 p_1$

②$E(A_2) = z_2 p_2$

③$E(A_3) = z_3 p_3$

④$E(A_4) = z_4 p_4$

在第一级决策点 A 处比较损失期望值的大小，就可以对四类风险进行比较评价。

6.6 大型工程项目主体行为风险的多目标整数规划模型

上文详细阐述了对大型工程项目责任主体行为进行风险分析的评估研究，在对行为风险的类型、影响范围、可能性、大小以及各种风险进行全面评估后，需要针对项目责任主体行为的各种风险进行管控，这是项目管理者关心的核心问题之一。

控制风险的前提是要了解风险的种类、风险发生的概率以及风险损失程度。假定风险种类有 n 个，各种风险构成风险集（risk set）为 R，$R = R\{r_i | i = 1, 2, \cdots, n\}$，其中 r_i 为第 i 种风险。设 p_i 为第 i 种风险发生的概率，z_i 为第 i 种风险发生后产生的损失，风险暴露（risk exposure）可以定义为风险产生损失和风险发生的概率的乘积，即第 i 种风险的风险暴露 re_i 为：

$$re_i = z_i p_i, \quad i = 1, 2, \cdots, n \tag{6.4}$$

大型工程项目主体行为的总风险暴露值为各种风险暴露值的总和。总暴露值 re 可由下式计算：

$$re = \sum_{i=1}^{n} re_i = \sum_{i=1}^{n} z_i p_i \tag{6.5}$$

这也可以理解为大型工程项目主体行为的平均风险损失。

设 rc_i 为控制第 i 种风险所需的成本，也就是第 i 种风险的控制成本，它与此类风险真实发生与否无关，则总风险控制成本 rc 为各种风险的控制成本之和，即

$$rc = \sum_{i=1}^{n} rc_i \tag{6.6}$$

现有的风险控制研究成果中，优化目标通常是风险暴露最小化或者利润最大化，在优化过程中，也会考虑到控制策略的成本，并将控制的成本作为优化模型中的一个软约束条件。在总结已有风险控制模型的基础上，将风险控制作为首要的考虑对象，其次是在风险控制的基础上，将风险控制的目标定为总风险暴露最小化和风险控制成本最小化，即

$$\begin{cases} \min re \\ \min rc \end{cases} \qquad (6.7)$$

经验表明，要控制住风险暴露值变大的风险，所投入的控制成本往往越高，而且控制成本不一定是风险暴露值的线性函数，因而在一定程度上，使风险暴露值最小化和使风险控制成本最小化这两个目标是互相冲突的。要想解决这个问题，就需要用多目标优化模型来分析和求解风险控制策略问题，这里采取 0 – 1 规划的优化方法。

由于风险控制时需要考虑到控制成本，因此并不是对所有的风险都要进行控制，而只对一些风险暴露值相对较大的风险进行控制。设 x_i 为风险控制决策变量，表示对风险是否进行控制。决策变量 x_i 的取值如下：

$$x_i = \begin{cases} 1, & \text{对第 } i \text{ 种风险进行控制} \\ 0, & \text{对第 } i \text{ 种风险不进行控制} \end{cases} \qquad (6.8)$$

如果对风险进行控制，就要付出相应的控制成本，同时，所控制的风险就会降至最低，此时风险暴露值为 0。如果不对风险进行控制，就不会产生控制成本，其风险暴露值也不会有变化。因此，在（6.5）式和（6.6）式中的风险暴露和风险控制成本中分别加入风险控制决策变量 x_i，可得：

$$re = \sum_{i=1}^{n} (1 - x_i) re_i = \sum_{i=1}^{n} (1 - x_i) z_i p_i \qquad (6.9)$$

$$rc = \sum_{i=1}^{n} x_i rc_i \qquad (6.10)$$

同理，在（6.7）式中的风险控制目标函数中加入风险控制决策变量 x_i，又因为风险控制决策变量 x_i 只能取值 0 或者 1，因此原风险控制的多目标优化模型（6.7）式变为一个多目标整数规划模型：

$$\begin{cases} \min re \\ \min rc \\ \text{s. t. } x_i = 0 \text{ 或 } 1, \ i = 1, \ 2, \ \cdots, \ n \end{cases} \quad (6.11)$$

例如，在第 3 章中，我们已经对利益相关者视角下的主体行为风险进行了分析，与业主相关的行为风险损失函数为 z_1，与承包商相关的行为风险损失函数为 z_2，与设计方相关的行为风险损失函数为 z_3，与监理方相关的行为风险损失函数为 z_4，对这四种风险进行控制的两目标 0－1 规划模型为：

$$\begin{cases} \min re = \sum_{i=1}^{4} (1 - x_i) \ z_i p_i \\ \min rc = \sum_{i=1}^{4} x_i rc_i \\ \text{s. t. } x_i = 0 \text{ 或 } 1, \ i = 1, \ 2, \ 3, \ 4 \end{cases} \quad (6.12)$$

类似于第 3 章中所给特例的计算方式，代入（3.1）式至（3.8）式以及（6.12）式中的优先因子、权系数、风险最大容许值、风险发生概率、风险控制成本等具体数值，并利用相应算法和软件，即可求得风险控制决策变量的值，从而得到大型工程项目主体行为风险控制的最优决策。

7 大型工程项目风险的防范与应对

7.1　大型工程项目风险防范

通过对大型工程项目风险的识别、估计、评价，风险管理人员对存在的种种风险和潜在损失等方面有了一定的把握。在此基础上，首先要合理编制一个切实可行的风险防范计划。其次，在规避、转移、缓解、接受、利用等策略中选择行之有效的策略，并寻求既符合实际又有明显效果的防范风险的具体措施，力图使风险转化为机会或使风险所造成的负面效应降到最低限度。

1. 大型工程项目风险防范计划

大型工程项目风险防范计划的编制是一个制定防范风险策略和防范措施的程序，编制目的是提升实现工程项目目标的机会，降低对工程项目的威胁。制订大型工程项目风险防范计划的依据包括：工程项目风险管理计划和风险清单；工程项目风险的特性；工程项目主体抗风险能力；工程项目全部风险的详细分析资料；可供选择的风险防范措施。工程项目风险防范计划的内容包括：工程项目风险中已识别风险的描述；工程项目风险承担人及其他应分担的风险；风险分析及其信息处理过程的安排；针对每项风险所用防范措施的选择和实施行动计划；采取措施后期残留风险水平的确定；风险防范的费用预算和时间计划；处置风险的应急计划和退却计划。

2. 大型工程项目风险防范策略

工程项目常用的风险防范策略和措施有：风险规避、风险缓解、风险转移、风险自留、风险分散、风险利用，以及这些策略的组合。对某一工程项目风险，可能有多种防范策略或措施；而同一种类的风险问题，对于不同的工程项目主体采用的风险防范策略或措施可能是不一样的。因此，从理论上来说，需要根据工程项目风险的具体情况和风险管理者的心理承受能力，以及抗风险的能力去确定工程项目风险防范策略或措施。

（1）风险规避。风险规避指通过变更工程计划，从而消除风险或消除风险产生的条件，或者保护工程项目的目标不受风险的影响。从风险管理的角度看，风险规避是一种最彻底地消除风险影响的方法。虽然工程的风险是不可能全部消除的，但可以借助一些风险规避的方法，例如对某些特定的风险在它发生之前就消除其发生的机会，或避免可能造成的种种损失，这还是有可能的。风险规避的方式有如下两种：规避风险事件发生的概率；规避风险事件发生后可能带来的损失。

（2）风险缓解。风险缓解是将工程项目风险的发生概率或后果降低到某种可以接受程度的过程，它既不是消除，也不是避免，而是减轻风险。在摸清了风险来源和风险引发因素之后，设法消除风险事件引发因素，降低风险事件发生的可能性，减少风险事件发生的损失，减轻风险造成的威胁。

（3）风险转移。风险转移指设法将某风险的结果连同对风险防范的权利和责任转移给他方。在工程中，风险转移的方式各式各样，如组织联营体或联合集团进行工程投标、工程保险、担保、利用开脱责任的合同条款、选择适当的计价方式的合同、工程分包和转包等。不管是哪种风险转移方式，其特点是共同的，就是使自身免受各种风险损失。

（4）风险自留。风险自留指由项目主体自行承担风险后果的一种风险防范策略，意味着工程项目主体不会改变项目计划或项目主体找不到其他适当的防范策略，而采取的一种防范风险的方式。自留风险有主动和被动之分：主动就是工程项目风险管理者在识别风险及其损失后，在风险事件发生时主动实施事先制订的应急计划，将风险自留作为防范风险的措施；被动是指未能准确识别和评估风险以及损失后果的情况下，被迫采取自身承担后果的风险处置方式。

（5）风险分散。风险分散指设法让项目各有关甚至无关的单位共同承担风险。这样可将工程项目主体的风险概率降低，分散风险量。例如，组织联营体共同投资于项目，就是一种分散风险的办法，有人把它也归属于风险转移的范畴。

（6）风险利用。防范风险不仅只是回避、消除风险，或减轻风险的负面影响，更高层次的防范措施就是利用风险。根据前述风险定义可知，风险不只是一种消极的后果，其中有些风险只要正确处置是可以利用的。

7.2 大型工程项目的风险应对概述

7.2.1 风险应对的含义

风险应对就是对项目风险提出处置意见和办法。通过对项目风险进行识别、估计和评价，把风险发生的概率、损失严重程度以及其他因素综合起来考虑，就可得出项目发生各种风险的可能性及其危害程度，再与公认的安全指标进行比较，就可确定项目的危害等级，从而决定应采取什么样的措施以及控制措施的程度。

7.2.2 风险应对的依据

风险应对的主要依据有：①风险管理计划；②风险排序，将风险按其可能性、对项目目标的影响程度、缓急程度分级排序，说明要抓住的机会和该应对的威胁；③风险认知，对可放弃的机会和可接受损失的认知，组织的认知度会影响风险应对计划；④风险主体，项目利益相关者中可以作为风险应对主体的名单，风险主体应参与制订风险应对计划；⑤一般风险应对，许多风险可能是出某一个共同的原因造成的，这种情况下为利用一种应对方案缓和多个项目风险提供了机会。

7.2.3 风险应对的过程

作为项目风险管理的一个有机组成部分，项目风险应对也是一种系统过程活动。我们可以从外部和内部两种视角来看待风险应对过程：外部视角详细说明过程控制、输入、输出和机制；内部视角详细说明用机制将输入转变为输出的过程活动。

根据风险处理框架，风险应对过程如下图所示。风险应对过程是将输入转变为输出的过程活动。控制位于顶部调节过程，输入位于左侧进入过程，输出位于右侧退出过程，机制位于底部支持过程。

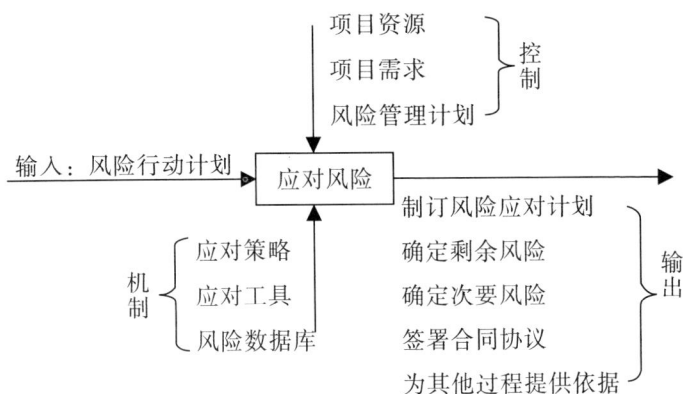

风险应对过程

1. 过程控制

和风险规划过程一样，项目资源、项目需求和风险管理计划同样约束着风险应对过程。

2. 过程输入

风险行动计划是风险应对过程的输入。它包括风险应对的目标、约束和决策，记录了选择的途径、需要的资源和批准权限。风险行动计划提供了高层次的指导并允许达到目标过程中的灵活性。

3. 过程输出

风险状态、可接受的风险、风险预警与防范、风险行动是风险应对过程的主要输出，具体操作如下：

（1）制订风险应对计划。风险应对计划应详细到可操作层次，它一般应包括以下部分或全部内容：风险识别、风险特征描述、风险来源、对项目目标造成影响的风险主体、责任分配、风险评估及风险量化结果。单一风险的应对措施，包括规避、转移、缓解，以及战略实施后预期的风险自留概率和风险影响程度，具体应对措施的预算和时间，应急计划和反馈计划。

（2）确定剩余风险。剩余风险是指在采取了规避、转移或缓解措施后仍保留的风险，也包括被接受的小风险。

（3）确定次要风险。由于实施风险应对措施而直接导致的风险称作次要风险。它们应同主要风险采用一样的识别方法，并制定应对措施。

（4）签署合同协议。为了避免或减轻风险，可以针对具体风险或项目签订保险、服务或其他必要的合同协议，以确定各方的责任。

（5）为其他过程提供依据。选定的或提出的各种替代策略、应急计划、预期的合同协议，需额外投入的时间、费用或资源以及其他有关的结论都必须反馈到相关领域，成为其过程计划、变更和实施的依据。

4. 过程机制

过程机制可以是方法、技巧、工具或其他为过程活动提供帮助的手段。风险应对技巧、风险应对工具和风险数据库都是风险应对过程的机制。

7.3　大型工程项目的风险应对策略

7.3.1　减轻风险

减轻风险策略，顾名思义，是通过缓和或预知等手段来减轻风险，降低风险发生的可能性或减缓风险带来的不利后果，以达到减少风险的目的。减轻风险是存在风险优势时使用的一种风险决策，其有效性在很大程度上要看风险是已知风险、可预测风险还是不可预测风险。

对于已知风险，项目管理组可以在很大程度上加以控制，可以动用项目现有资源降低风险的严重后果和风险发生的概率。例如，可通过压缩关键工序时间、加班或采取"快速跟进"来减轻项目进度风险。

对于可预测风险或不可预测风险，这一般是项目管理组很少或根本不能够控制的风险，因此有必要采取迂回策略。例如，政府投资的公共工程，其预算不在项目管理组直接控制之中，存在政府在项目进行中削减项目预算的风险。为了减轻这类风险，直接动用项目资源一般无济于事，必须进行深入细致的调查研究，降低其不确定性。再如，在决定开发一个新产品之前，应先进行市场调查，知晓市场容量、市场前景、现有同类或其他相关产品信息等，了解顾客使用需求、偏好以及价格倾向等，在这样的基础上提出的项目才有较大的成功机会。

在实施风险减轻策略时，最好将项目每一个具体"风险"都减轻到可接受水平。项目中各个风险水平降低了，项目整体风险水平在一定程度上也就降低了，项目成功的概率就会增加。

项目风险和项目风险管理在很大程度上是一个时间的函数，项目风险水平以及管理的成效与时间因素密切相关。因此，为了有效地减轻风险，必须采取措施应对未来的风险。例如，在技术引进或设备引进时，为了保证项目按时投产，需要降低大型装备的技术和使用风险，为此一般要进行考察论证，以确保装备引进的可靠性、高效性，同时在装备引进之后还要选派人员进行培训，可以通过精心安装、科学调试等手段和方法降低不确定性，从而保障目标的实现。

把可预测和不可预测风险转变为已知风险的例子还有许多。出现概率虽小，但是后果严重的风险一般列为不可预测的，也是最难减轻的一种风险。对于此类风险只要一发生就变成了已知风险，就能找出相应的减轻方法。根据帕累托原理，项目所有风险中只有一小部分对项目威胁大，因此要集中力量专攻威胁大的那些风险。

7.3.2 回避风险

回避风险是指当风险潜在威胁发生可能性太大，不利后果也太严重，又无其他策略可用时，主动放弃项目或改变项目目标与行动方案，从而规避风险的一种策略。如果通过风险评价发现项目的实施将面临巨大的威胁，项目管理班子又没有别的办法控制风险，甚至保险公司也认为风险太大而拒绝承保，这时就应考虑放弃项目的实施，避免造成巨大的人员伤亡和财产损失。对于城市的工程建设项目，如水利枢纽工程、核电站项目、化工项目等都必须考虑这个问题。

回避风险包括主动预防风险和完全放弃两种。主动预防风险是指从风险源入手，将风险的来源彻底消除。例如在修建公路时，在一些交通拥挤或事故易发地段，为了彻底消除交通事故风险，可采取扩建路面、改建人行天桥或禁止行人通行等措施。完全放弃这种做法比较少见，例如，随着网络泡沫的破灭，许多母公司关闭了网站，这就是一种完全放弃的风险应对策略。完全放弃是最彻底地回避风险的办法，但也会带来其他问题，放弃意味着失去了发展和机遇。

7.3.3 转移风险

转移风险是将风险转移至参与该项目的其他人或其他组织，

所以又叫合伙分担风险。其目的不是降低风险发生的概率和减轻不利后果，而是借用合同或协议，在风险事故一旦发生时将损失的一部分转移至有能力承受或控制项目风险的个人或组织。实行这种策略要遵循两个原则：第一，必须让承担风险者得到相应的回报；第二，对于各具体风险，谁最有能力管理就让谁分担。

采用这种策略所付出的代价取决于风险的大小。当项目的资源有限不能实行减轻和预防策略，或风险发生频率不高，但潜在的损失或损害很大时，可采用此策略。转移风险可以分为财务性风险转移和非财务性风险转移。

1. 财务性风险转移

财务性风险转移可以分为财务性保险类风险转移和财务性非保险类风险转移两种。

（1）财务性保险类风险转移。财务性保险类风险转移是转移风险最常见的一种方法，是指项目组向保险公司交纳一定数额的保险费，通过签订保险合约来对冲风险，以投保的形式将风险转移到其他人身上。根据保险合约，项目风险事故一旦发生，保险公司将承担投保人由于风险所造成的损失，从而将风险转移给保险公司，实际上是转移给所有向保险公司投保的投保人。在国际上，建设项目的业主不但需要自己为建设项目施工中的风险向保险公司投保，还要求承包商也向保险公司投保。

（2）财务性非保险类风险转移。财务性非保险类风险转移是指通过不同中介，以不同的形式和方法，将风险转移到商业上的合作伙伴。例如通过银行以信贷的形式或其他的方法将风险转移给商业上的伙伴。担保也是一种常用的财务性非保险类风险转移方式。所谓担保，指为他人的债务、违约或失误负间接责任的一种承诺。在项目管理上是指银行、保险公司或其他非银行金融机构为项目风险负间接责任的一种承诺。例如，建设项目施工承包商请银行、保险公司或其他非金融机构向项目业主承诺为承包商在投标、履行合同、归还预付款、工程维修中的债务、违约或失误负间接责任。当然，为了取得这种承诺，承包商要付出一定的代价，但是这种代价最终要由项目业主承担。在得到这种承诺之后，项目业主就把由于承包商行为方面不确定性带来的风险转移给了出具保证书的机构或保函者，即转移给银行、保险公司或其他非金融机构。

由于在进行货物或服务交易时，卖家可能会面对买家拒绝付款的风险，为了保障双方的利益，便出现了信用证、银行承兑的远期信用证、汇票等以银行为担保人的信贷。信贷是卖家通过信贷保证将项目风险一部分转移至银行身上。

2. 非财务性风险转移

非财务性风险转移是指将项目有关的物业或项目转移给第三方，或者以合同的形式转移到其他人身上，同时也能够保留会产生风险的物业或项目。这里的第一种情况，实际上与回避风险策略有一定的关系，两者都是试图减轻项目风险及其可能的损失，但回避风险不需要任何人承担风险后果，而风险转移是将项目风险转移给第三方。外包是一种很好的非财务性风险转移策略。在信息技术领域，外包日益流行，外包可使不同国家的工程师享受不同的工资和福利待遇，同时还可以转移高昂的技术员工管理费的风险。

7.3.4 接受风险

接受风险是应对风险的策略之一，它是指有意识地选择承担风险后果，即觉得自己可以承担损失时，可采用这种策略。例如，经理期望员工自愿流动的比例较低，但若更换一个入门级工程师的费用可能与留住此人而提升其福利所花的费用一样或更低，这时的策略是接受经过培训的人员离开项目的风险，付出的代价便是雇用其他人顶替他们所花的费用。

接受风险可以是主动的，也可以是被动的。若在风险规划阶段已对一些风险有了准备，因此当风险事件发生时便能马上执行应急计划，这是主动接受。被动接受风险是指在风险事件造成的损失数额不大，不影响项目大局时，项目管理者将损失列为项目的一种费用。费用增加了，项目的收益自然要受到影响。接受风险是最省事的风险规避方法，在许多情况下也最省钱。当采取其他风险规避方法的费用超过风险事件造成的损失时，可采取接受风险的方法。

8 案例：海外大型 EPC 项目风险分析

引 言

2014 年 4 月 21 日，随着一艘世界最大的 18 000 TEU（标准箱）的集装箱船稳稳地停靠在斯里兰卡 CS 项目码头，标志着 CS 项目正式竣工投产，该项目的竣工将使 Colombo 港成为南亚地区第一深水海港，进一步提升了 Colombo 在国际航运中的地位。当天，出席竣工仪式的嘉宾包括中国驻斯里兰卡的吴大使、CMHI 公司董事兼总经理胡总、SLPA 主席 Wickrama 先生以及部分中方、斯方代表，F 公司总经理朱华作为受邀嘉宾之一，也参加了当天的竣工仪式。

2011 年，F 公司基于"借船出海"的发展战略考虑，以 EPC 总承包的方式承接了这个项目，但由于投标前期现场考察工作不到位、社会和自然环境条件比较恶劣、施工材料和机械匮乏、施工人员素质低、工作效率低等种种原因，在项目的执行过程中举步维艰，困难重重。在前期经历了各种艰难曲折之后，最终顺利完成了项目。

一、项目简介

CS 项目位于南亚岛国斯里兰卡首都 Colombo，Colombo 港作为斯里兰卡最大的港口，以其优越的区域位置，已发展成为南亚地区重要的集装箱中转港。随着集装箱吞吐量的日益增长，Colombo原有老港已不能满足发展要求，因此斯里兰卡政府计划在原有老港西侧开辟新港区，通过建设双环抱防波堤形成掩护水域，掩护水域内规划了东、南、西 3 个集装箱港区，其中南港区为第一期开发，建设 1 200 米码头岸线，设计集装箱年吞吐能力 2 400 000 TEU，按照 18 000 TEU 集装箱船进行设计。案例主要人物如表 8 - 1 所示，CS 项目规划如图 8 - 1 所示。

表 8 - 1　案例主要人物

人物	案例中角色	人物	案例中角色	人物	案例中角色
朱华	F 公司总经理	夏玲	CS 项目采购经理	严苏	华港国际主管海外业务副总经理
麦程	F 公司副总工程师、CS 项目主管总工程师	王强	CS 项目水工专业负责人	高峰	华港国际海外事业部技术总监
丁建	CS 项目经理	赵勇	CS 项目结构专业负责人	杨雄	华南建工 CS 项目负责人

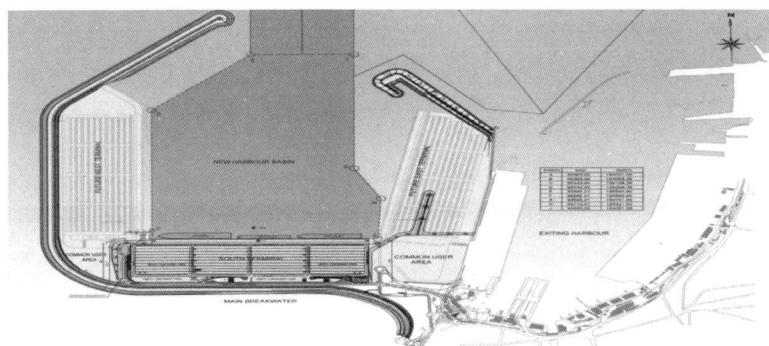

图 8 - 1　CS 项目规划图

斯里兰卡政府通过 BOT（Build-Operation-Transfer）国际招标确定 CMHI 公司为本项目开发商，项目总投资约 5 亿美元，特许经营期为 35 年，这是当时斯里兰卡国内最大的外商投资项目。项目完全遵循最新的欧洲标准、英国标准等国际标准进行设计和建造，并采用国际通行的 EPC 项目管理模式进行管理，咨询工程师为美国 AECOM 咨询公司。项目于 2011 年 12 月开工建设至 2014 年 4 月竣工投产，历时 28 个月，创造了海外版"中国速度"。

（1）项目总承包组成概况。本项目咨询工程师为 AECOM 咨询公司，由华港国际 EPC 总承包，F 公司分包，华南建工为码头、堆场及土建施工分包商，南方航道为疏浚和陆域形成施工分包商。

（2）项目建设规模和主要建设内容。建设规模是：大型集装箱泊位 3 个，岸线总长 1 200 米，水工结构按靠泊 18 000 TEU 集装箱船设计，设计底高程为 – 18.0 米。陆域纵深 439 米，面积约为 60.9 万平方米。港池水域疏浚面积 199.1 万平方米，疏浚标高至 – 18.0 米。码头设计吞吐量为 2 400 000 TEU。主要建设内容有：港池航道疏浚、水工建筑物、陆域形成和地基处理、道路堆场、生产与辅助建筑物、供电照明、控制、信息与通信、给排水及消防、通风空调、机修和供油等，建成效果图如图 8–2 所示。

图 8 - 2　CS 项目建成效果图

二、公司概况

F 公司创建于 1964 年，是一家拥有五十多年历史的国内外知名的综合性大型勘察设计院，为美国《财富》杂志世界 500 强企业，是中国交通建设集团的全资子公司。公司建立五十多年来，业务范围涉及国内外的规划、投资、咨询、勘察设计、施工监理、EPC 总承包业务以及项目管理等方面，业务足迹遍布全球五十多个国家和地区。公司于 2015 年完成新签合同金额 44 亿元，实现营业收入 19 亿元，实现利润总额 3.3 亿元。公司员工 850 人，其中设计大师 2 人、享受政府特殊津贴待遇的国家级专家 14 人、教授级高级工程师及高级工程师 307 人，各类注册执业资格工程师 262 人。

近年来，国家积极鼓励和推动我国大型建筑企业"走出去"，大力开展工程 EPC 总承包业务，伴随着设计—采购—施工（engineering procurement construction，简称 EPC）一体化的发展趋势和国家"一带一路"倡议，为公司海外发展创造了市场机会。同时，国内市场面临着产能过剩、市场萎缩、传统设计领域竞争格局日趋激烈的经营大环境。公司一方面紧跟集团"五商中交"的战略部署，全面深化改革，加快建设"适应性组织"，打造"升级版 F"；另一方面针对国内市场经营的瓶颈寻求改革和拓宽业务领域，抓住国际经济发展和国家"一带一路"倡议的机遇，顺应属地需求，加强全球合作，创新业务模式，加快拓展公司海外业务，积极布局海外市场，以"国际工程公司"为转型升级目标，走纵向一体化的发展战略。公司的组织结构如图 8-3 所示。

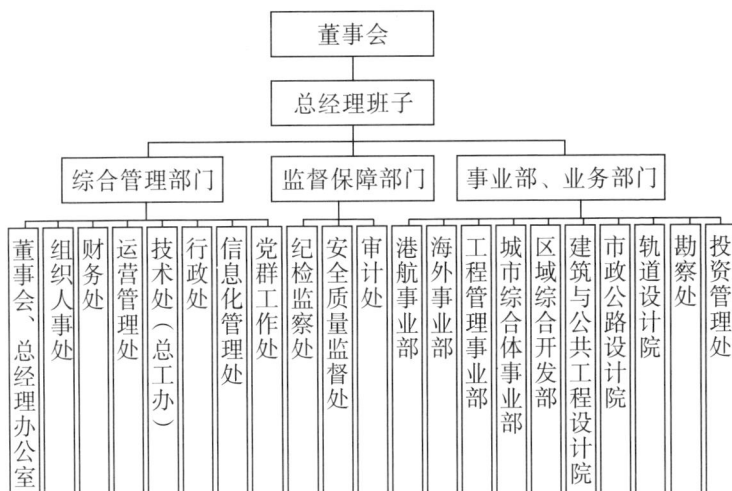

图 8-3　F 公司组织结构图

华港国际是 F 公司"借船出海"战略合作伙伴，两家公司早于 2002 年就开始合作投标巴基斯坦 Gwadar 港口项目，F 公司负责设计，华港国际负责商务、采购和项目管理，该项目在双方的努力合作下顺利完成，之后两家公司一直保持着密切的合作关系。2011

年 9 月，获悉 CS 项目将进行全球 EPC 招标的信息，华港国际马上启动 CS 项目投标事宜，并第一时间想到老搭档 F 公司。经过标前各方多次讨论，大家一致认为 F 公司具有较强的技术实力，华港国际在商务方面则具备更丰富的经验，而华南建工和南方航道对斯里兰卡当地施工建设情况比较熟悉，这些都为项目奠定了较为有利的实施基础。大家决定参加投标，但直至投标前，F 公司的设计工程师并未去过项目现场调研踏勘，只有华港国际和华南建工的相关人员去过现场，并发回一些现场照片和一份简单的调研报告。

三、项目的利益相关者与分工

本次投标工作任务的分工达成如下协议：技术标由华港国际总协调，F 公司和华南建工、南方航道共同参与，F 公司负责编制设计方案，华南建工和南方航道负责编制施工组织方案；商务标由华港国际总负责，华南建工协助。F 公司具体负责项目的设计，提供水域疏浚、陆域形成、码头工程、堆场及道路工程和房建工程等详细工程量清单，由华南建工和南方航道结合当地材料、人工、设备等进行施工报价，设备供应商由华港国际选定。由于投标前期基础资料不足和现场调研缺失，F 公司对现场情况并不了解，投标图纸设计深度不足。在投标过程中，应华港国际的强烈要求，F 公司在完成应标原案之外，不得不额外制作了一份代替方案，此代案并不完全符合标书的业主需求。最终标书的汇总和报价均由华港国际完成。

2011 年底，由于在斯里兰卡市场深耕多年，加上经营工作到位，华港国际中标 CS 项目。考虑到与 F 公司之前的合作关系一直比较融洽，同时对其配合过程还比较满意，经过充分考虑，华港国际主动提出由 F 公司进行分包，负责总承包工作的具体执行，华港国际则负责商务的执行，按合同约定比例收取一定的管理费。

接到华港国际邀请后，F 公司在公司内部多次召开项目评审会，根据华港国际提供的合作方式及条件，组织人员对承接 CS 项目的可行性、技术重难点、项目风险和项目利润等进行了评估，参会人员包括公司领导、CS 项目主管总工程师、海外部领导、勘察处领导、设计经理、采购经理、各设计专业负责人等。

会上，公司总经理朱华首先发言："今天开会的目的，是想听听各位的想法，就公司准备承接 CS 项目的可行性，存在什么风险，有没有利润，大家头脑风暴，多提提建议。"

"我认为项目实施的难点在于工期和技术标准，首先，28 个月的工期对于这么大型的海外项目来说太紧张了，斯里兰卡是世界上节假日最多的国家之一，每年非工作日时间在 150 天以上，占比至少 40%，如何最大限度减少节假日对施工进度的影响，这个问题需要认真研究。其次，对于项目执行的技术标准华港国际和业主也一直存在偏差，出于对工程总造价的考虑，华港国际不想采用欧美标准，但合同条款业主需求规定采用最新的国际标准进行设计建造，能否说服业主接受其他技术标准尚不得而知，这将严重影响项目的设计报批，是一个很大的风险隐患。" CS 项目主管总工程师、前期工作总负责人麦程说道。

"目前水工最大不确定性在于投标时缺少详细的地勘报告，港池疏浚工程量是初估的量，到了详细设计时，如果详勘报告与初勘报告的地质情况有较大的出入，那么疏浚量需要进一步调整，这可能会牵扯到费用变化的问题。"水工负责人王强说道。

"结构专业也存在与水工相似的问题，由于缺乏详细地勘资料，建筑物下部基础的桩长也是初估的长度。"结构负责人赵勇说道。

"勘察也存在几个问题：首先，由于项目所处的地理位置风大浪高，钻探船定位困难，如果改为钻探平台，费用高昂且移位困难；其次，项目地质条件为基岩面埋藏浅，岩性为致密坚硬状，大多数地段存在球状风化的特点，钻进及取样都比较困难；最后，野外勘察现场自然条件较为恶劣，斯里兰卡是登革热的高发地区，一旦员工被感染登革热将影响项目工期，需做好应急预案。"负责本项目勘察测量作业的负责人说道。

采购经理夏玲也认为在项目采购方面存在比较多问题："投标时标书要求设备需指定厂家，但前期采购协议不是我们与对方签的，将来跟他们再议价不是件容易的事。另外，还有汇率的影响。"

"还有，货物进出海关，我们缺乏专门的物流和翻译人员。"设计经理说道。

听了大家的发言，朱华接过了话："大家都提出了不少问题，很好！这些确实是我们目前需要考虑的问题，这些问题也对我们承接 CS 项目构成了一定程度上的风险，说明大家的风险防范意识还是挺强的。"之后，还谈到了承接此项目有利的方面。会议最后，大家达成了一致的意见：确认 F 公司将承接 CS 项目，并形成了会议纪要。

2011 年 11 月底，CMHI 公司向华港国际正式签发中标通知书，F 公司与华港国际同期签署了 CS 项目的分包合同。该项目采用设计—采购—施工一体化的总承包管理模式，由华港国际总承包，F 公司负责项目执行，包括设计、采购和项目管理，华南建工和南方航道分别负责施工，业主不直接参与管理，指定咨询公司 AECOM 代表业主完成项目监理，CS 项目各利益相关者之间的关系如图 8-4 所示。

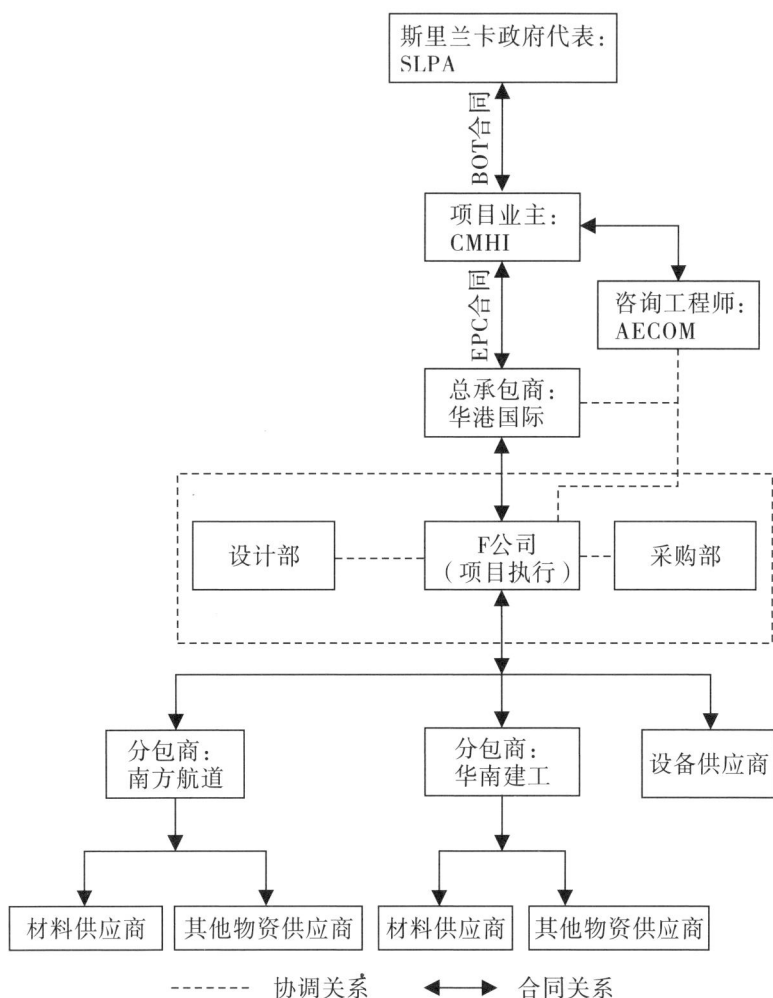

图 8-4 CS 项目各利益相关者之间的关系

四、项目执行情况

1. CS 项目特点

（1）设计任务量大。整个项目包括 40 个设计包，内含 69 本设计报告，20 本规格书以及 1 237 张设计图纸。

（2）项目工期紧张。项目工期紧，属于边设计、边报批和边施工的"三边"工程。

（3）设计要求高。①项目执行欧洲标准、英国标准等国际规范标准以及国际通用软件进行设计；②项目设计接受国际知名咨询公司的审核，全过程严格监理，对设计成果编写、质量、报批、审核意见回复等都提出较高要求；③项目业主具有丰富的营运管理经验，使用要求高。

（4）不确定性因素多。①项目全面执行 BOT 及 EPC 合同条款要求，但 BOT 与 EPC 部分条款存在差异，设计需梳理、协调两者之间的关系。②业主要求不断改进。

（5）设计审批流程长。与国内工程项目审批流程不同的是，国际 EPC 工程项目的设计成果主要由咨询工程师审批，咨询工程师对设计意见拥有指导性权威，当设计与咨询工程师意见不一致时，以咨询工程师意见为准。设计成果上报咨询工程师后，咨询工程师会对设计文件进行审批，审批意见分为拒收（rejected）、带意见性的批准（approved with comments）和批准（approved），其中拒收的设计不能用于施工。有些设计图纸还要上报斯里兰卡政府相关机构审批，因此设计审批的周期很长。设计审批流程如图 8 - 5 所示。

图 8-5　CS 项目设计审批流程图

2. 项目的执行过程

（1）2012 年 1 月，广州，F 公司会议室。

在设计工作开始前，华港国际专门组织 F 公司、华南建工等参建各方召开讨论会，并邀请了业主 CMHI、咨询工程师 AECOM 一同出席。会上就项目执行的技术标准事宜进行了激烈的争论，以华港国际为代表的承包商一方认为，鉴于欧美标准的技术参数要求比较苛刻，若完全执行欧美标准将大大提高工程造价，而中国标准相较于欧美标准，其技术参数要求相对没那么苛刻，且改革开放以来，中国沿海建造的港口码头不在少数，截至目前，码头整体运营状况良好，为节省项目投资，建议业主考虑采用中国标准。业主则表示，本项目不仅是 EPC 项目，也是 BOT 项目，项目建设标准不仅需要满足 EPC 合同的规定，同时要满足 BOT 合同的规定，BOT 合同是 CMHI 公司与斯里兰卡政府代表（SLPA）共同签订的，CMHI 有义务也有责任尊重合同，执行合同规定。技术标准在项目 EPC 合同中以合同条款的形式写入，必须严格执行，若承包商不执行，则按违约处理。这次讨论会最终确定了项目的技术标准，即严格按照 EPC 合同规定执行。

CS 项目是 F 公司首次完全遵循最新的欧洲标准、英国标准等国际标准进行设计和采用国际通行惯例进行项目管理的国际工程项目，对项目团队成员在专业知识、国际项目管理经验、设计审批流程、外语能力等方面提出了非常高的要求。项目设计组成员虽然都经过精挑细选，设计经验丰富，但大多缺乏海外设计经历，对欧美规范并不熟悉，对国际项目管理流程也不熟悉，再加上项目前期投标准备工作不够细致，遗留了种种隐患，导致在项目实施过程中图纸报批困难重重。

（2）2012 年 2 月，Colombo，华港国际办公室。

由于业主和咨询工程师态度强硬，坚持必须完全执行 EPC 合同条款，这给华港国际带来了巨大的工程造价压力，因此，华港国际要求 F 公司从如何降低工程费用角度出发，对设计方案进行大幅优化，从而节省造价，但这同时也给 F 公司带来了极大的设计风险。

为顺利完成设计任务，朱华亲自带队，各专业负责人前往斯里兰卡与华港国际协商设计优化事宜。上午的会议刚开完，其他人员相继离开前往餐厅，而朱华还在思索下午将要会谈的议题，还未顾及午饭的事情，这时会议室突然进来了两个人。朱华抬头一看，原来是华港国际主管海外业务的副总经理严苏和技术总监高峰。

一进门，严苏就发话了："朱总，我昨晚给您发的邮件，收到没有？"

"已经收到了，我也给您回复了，是不是严总没看到？"朱华答道。

"关于设计优化的事情，贵公司进展如何？还有一个月就要设计报批了，时间很紧。"严苏接着说道。

朱华低头看着手机没有说话。

这时严苏按捺不住了，提高了音量说道："自从上次技术讨论会之后就让你们进行设计优化，到今天为止我还没看到你们提交的任何成果，这已经严重影响了施工的进度，往后项目要如何推进？"

"按我们内部测算，若完全按 EPC 合同条款执行，在未进行设计优化的前提下，据粗略统计，需增加上千万美元的工程费用，将给项目带来巨大的损失。"技术总监高峰在一旁补充说道。

严苏阴阳怪气地说："如果设计优化这事搞不定，那机场项目的设计我们也得重新好好考虑考虑了，很多人等着干呢！"

"关于设计优化的事，我们会尽快给您答复。"朱华面露不悦地答道。

"老朱，你我双方合作多年，也算是老搭档了，现在碰到这桩子麻烦事，谁都不想啊，还请您多多帮忙，只要度过目前这个难关，以后项目的事情都好说嘛。"严苏的语气逐渐缓和下来，毕竟现在大家正在合作，他也不想关系搞得太僵，撕破脸对双方都无益。

CS 项目投标当初，竞争对手包括韩国、日本等多家知名国际工程公司，由于竞争激烈，为了抢占市场份额，巩固在斯里兰卡的经营，华港国际急于拿下此项目，不仅在工期上大幅缩减，而且在商务方面也尽可能地降低报价，项目虽然最终顺利中标，但同时也给项目的实施埋下了不少隐患。

2012 年 3 月，经过一个多月的连续奋战，基础设计基本完成，F 公司向咨询工程师 AECOM 提交了第一版的设计成果。但由于设计理念、工作习惯、图纸表达方式等方面的差异，提交的第一版设计成果直接被咨询工程师拒收。按照国际惯例，咨询工程师对水文、地质等设计基础资料的把控非常严格。譬如在地质资料方面，注重根据勘察原始数据进行岩土工程评估报告（geotechnical assessment report，简称 GAR）的编制；另外，在设计图纸报批前，咨询工程师会先对设计大纲（basis of design report）进行严格审批，在详细设计井展之前就对设计输入条件和设计总体思路进行把关。国际工程对图纸和报告的要求更为规范和严格，国内习惯与国际惯例之间存在一定差距，导致提交的设计成果不符合咨询工程师的审核要求。

其间，业主 CMHI 也多次在非正式场合针对设计方案提出了新的想法和功能要求，而这些修改要求并未事先知会咨询工程师，修改指令也未通过咨询工程师正式发出，而是直接用邮件或口头指令对 F 公司进行设计修改，造成管理流程混乱。

国内外设计埋念、工作习惯、设计成果表达方式等方面的差异，以及项目初期管理流程的混乱，再加上设计初期与咨询工程师缺乏有效的沟通，双方意见分歧较大，导致设计一直迟迟未获批复，后续工作实施困难重重。

（3）2012 年 3 月，Colombo，CMHI 会议室。

由于设计报批将影响项目的施工进度，所以必须要加快设计报批。第一次设计协调会议定在上午 9 点，业主、咨询工程师、承包商三方共同参会。会上对存在的设计问题逐一进行了讨论，最终达成了一致意见并形成了会议纪要。

在设计开始初期，咨询工程师的态度是极为傲慢的。对于每次召开的设计协调会，设计方都非常重视，每次至少由一名主管副总带队，各专业负责人悉数参会，甚至某些主要专业的专业总工程师也一同参会，设计团队浩浩荡荡十余人，并于约定时间早早到场等候。而咨询工程师这边，每次出席会议就是稀稀拉拉两三个人，而且经常姗姗来迟。由于思维方式和工作习惯的差异，他们片面地认为 F 公司缺少国际工程设计的经验，设计水平不高，对其设计不屑一顾。

类似这样的设计协商会召开了一次又一次，业主方和咨询工程师对设计提出的意见是无休止的，业主方的工程师和咨询工程师都会提出自己的想法和意见，意见提了一大堆，但到了需要确认批复的时候，却无一人愿意签字确认最终的设计。

设计审批一拖再拖，由于没有批复的设计图纸现场就无法施工，导致整个施工的进度受到影响，各项工作停滞不前，毫无进展。然而，对于施工进度受滞带来的责任问题，业主和咨询工程师会想尽一切办法把责任推卸到别人身上，总之，自己绝不承担任何一丝责任。不仅推卸责任，还责怪 F 公司没有按照合同约定按时提交设计文件，导致设计批复一再延误，诸如此类不可理喻的行为司空见惯。

设计报批文件一次次地被咨询工程师拒收—返回—修改，经历了数次的纠缠和挫折后，项目部多次召开内部会议，集思广益，商讨对策，从挫折中吸取经验并转换成解决困境的良策。针对咨询工程师和业主的工作特点，制订相应的工作方案。不管对方提出多少修改意见，都在 5 个工作日内完成修改，并主动与对方沟通确认；设计过程中严格执行合同条款，做到据理力争，以科学数据说话；同时严把技术关，拒绝一些不切实际和不合理的修改要求。

项目设计团队全体成员日夜不休，风雨兼程，软磨硬泡，经过多次的会商和讨论，咨询工程师傲慢的态度终于有了些许转变，设计图纸逐步地通过了审批，设计工作初步完成并得到业主的认可，项目得以向前推进。

2013 年 3 月中下旬，除了部分房建单体外，绝大部分施工图纸咨询工程师、业主都已经批复，设计进入收尾阶段。但就在此时，业主 CMHI 突然提出，想将集装箱堆场的装卸设备由轮胎龙门吊（RTG）变更为轨道龙门吊（RMG），并要求承包商据此进行变更设计。F 公司的设计团队费了九牛二虎之力，好不容易设计工作接近完成，眼看胜利在望，这项突如其来的变更对 F 公司来说，打击是巨大的，相当于整个设计推倒重来，所有设计得重新报批，大大增加了设计工程师的工作量不说，更主要的是严重影响了施工进度，对于目前极为紧张的工期，再拖延下去将面临业主高额罚款，工作将十分被动。

（4）2013 年 3 月，广州，F 公司总经理办公室。

鉴于事情重大，项目经理丁建连忙将此事向朱华汇报。朱华召集了项目主管总工程师麦程以及相关专业负责人连夜开会，商讨应对策略。

"大家评估一下，如果按照业主的要求进行调整设计，对整个项目的影响程度有多大？"朱华说道。

"RTG 与 RMG 两种设备的堆箱布置方式存在较大差异，设备的变化将影响到整个堆场的平面布置，而且采用的基础结构形式也不同，根据经验，RMG 轨道基础的造价是 RTG 跑道基础的 2 倍左右。"工艺负责人说道。

"平面布置牵涉地下综合管线的布置，如果总平面进行调整那意味着地下综合管线也需要相应进行调整。"总图负责人补充说道。

"麦总工对此事什么意见？"朱华转头看了一下坐在身旁的麦程问道。

"我认为工艺设备调整对堆场的设计影响是非常显著的，暂不要轻易进行修改。首先，这是一项系统工作，需要对两种不同工艺设备方案进行系统评估，从其优劣性、可行性、必要性进行详细比较分析；其次，RMG 设备对用电需求很大，斯里兰卡当地的供电能力能否满足要求，需要进行调研，这个可以与项目部沟通一下，请他们帮忙调研，最后根据评估结果向业主汇报。"麦程说道。

"我同意，就按麦总工的意见处理。"朱华听完后指示道。

设计组经过详细的评估和分析，以及项目部反馈的调研情况，形成了一份书面的评估报告，上报给业主 CMHI。由于斯里兰卡当地的供电能力严重不足，无法满足 RMG 设备的用电需求，最终，业主 CMHI 不得不放弃了此项变更。

设计报批工作逐步获得批复的同时，采购工作也在有条不紊地开展着。对于 EPC 项目而言，采购关系到项目的成败，不得大意。它不仅是整个工程进度的支持，也是工程质量的保障，按合同要求，项目部与业主指定厂家的谈判工作也早就开始了。

（5）2012 年 9 月，广州，F 公司总经理办公室。

"一直在不断地跟 A 厂家联系，电话那头人家态度非常冷淡，说他们的技术人员在福建，没法给我们提供技术支持。"采购经理夏玲正在向朱华汇报工作。

"谈到报价的事了吗？"朱华问道。

夏玲非常无奈地答道："报价就更别提了，人家说只跟华港国际的人谈，压根就不跟咱们谈。"

CS 项目中费用最高的电气设备为 5 台干式变压器，总价大约为 260 万元。投标时，A 厂家配合华港国际完成了投标报价，EPC 招标文件中明确指定，在项目执行中，承包商必须按照投标文件指定的设备厂家及参数采购项目所需设备。而 A 厂家也深知 CS 项目必须采购他们公司的产品，因此在与 F 公司采购谈判过程中，肆意抬高报价，使得最终实际采购价要比投标报价高出 50 多万元。

（6）2012 年 9 月，广州，F 公司总经理办公室。

"炸礁工程量是怎么回事？小土你要给我一个合理的解释！"朱华非常严厉地说。

"之前投标时缺少详细的地勘报告，钻孔间隔得比较远，水域疏浚工程量只是初估的量，到了详细设计时钻孔间距加密了，详勘报告也与初勘报告的地质情况有较大的变化，根据补充的钻孔发现除码头前沿外，在港池的局部区域也存在礁盘，当初没太注意。"水工负责人王强忐忑不安地解释。

朱华非常气愤地站了起来说道："你们有没有测算过炸礁这一项给我们带来的损失？"

采购经理夏玲连忙补充道："投标时炸礁量是 1 500 立方米，

最新的施工图纸合计 1.9 万立方米，投标与详细设计的差值是
1.75 万立方米，损失应该在 530 万元左右。"

"为什么详细设计会增加这么多，你们当初投标时是怎么报
的工程量？"朱华质问道。

"当时能得到的现场信息就是几张照片和一份很简陋的初勘
报告，详细情况我们也不太了解，当时就是按经验预估了一个认
为较合理的量，到了详细设计时，由于设计条件和现场情况都比
较清晰，所以现在的量和之前投标的量存在一些偏差。"王强已
经抬不起头了。

朱华的办公室顿时死一般寂静……

EPC 招标文件明确规定本项目为固定总价合同，由于投标时
间紧、任务重，再加上设计人员对现场情况不了解，投标时勘察
钻孔布置间隔较大，导致后期项目实施时发现港池炸礁量远超投
标估算量，因此，炸礁工程增加的费用需要由 F 公司独自承担。

由于 CS 项目工期紧，为"三边"工程。虽然设计还未得到
完全批复，但 28 个月的工期摆在眼前，施工分包商的队伍也早
已进场。

（7）2012 年 4 月，Colombo，CS 项目部。

"丁经理刚来住得还习惯吗？这边的温度可是高得很。"华南
建工斯里兰卡分公司总经理杨雄来到 CS 项目部，关切地问道。

"是啊，这里温度比广州还高。我看工人大部分都是当地请
的吧，国内的工人很少，听说这里的工人休息和节假日时间是不
能缺的，这么热的天，一天能干多少活啊？"丁建站起身来问道。

"干活时间少，工作效率低，但他们便宜，人工成本低。"杨

雄说道。

丁建望着窗外的施工现场，只有几个工人在零零散散地干活，问道："你看他们干活又少又慢，还没几个看得懂图纸的，这么下去怎么行？"

杨雄一屁股坐在沙发上，愤愤地说道，"这里的工人基本没受过什么教育，经验不足，时间观念较差，干活慢，关键是你还不能拖欠工钱，也不能随便把人家解雇，别看这地方比国内落后，但是人家工会组织健全，拖欠工资会被工会告发，到时会有一堆罚款等着你。这边的钱可不好赚喔。"

（8）2012 年 10 月，广州，F 公司。

"什么？我没听太清楚。"结构专业负责人赵勇从办公室座位上站起来大声说道。

"当地没有我们设计桩径的打桩机？当地采购不到我们图纸上的钢筋？"

"业主要求行政办公大楼由四层增加到五层，还要增设一个空中花园？"

赵勇接到现场反馈的电话后，真的是无语了，从事结构设计工作这么多年，还是头一次碰到如此让人头疼的事情。现场施工材料和机械的匮乏，业主需求的不断变化，特别是办公大楼，虽然在 EPC 合同文件中对各楼层及功能空间有详细的面积要求，但在详细设计的时候，业主方的很多意见与 EPC 合同文件要求相左，同时与既定的建筑平面设计约束有关，并不能完全按照 EPC 合同要求进行设计，这就意味着行政办公楼的设计需要不停地修改。

业主方对行政办公楼设计提出的意见是无休止的，意见提了一大堆，但到了需要确认平面功能的关键时刻，却始终迟迟无人签字确认，导致行政办公楼设计工作陷入了"开会—意见—修改—再开会—再提意见—再修改"的无止境的循环漩涡中。

放下电话，赵勇连忙召集相关设计人员，并请结构专业总工程师、CS 项目主管总工程师等专家参会共同商讨解决方案。经过协商，最终决定调整设计方案，根据对办公大楼地基承载力的复核验算结果，将基础由预应力混凝土管桩改为灌注桩，同时优化调整办公楼顶层的平面布局，根据当地能买到的钢筋，调整钢筋型号并重新布筋。

此外，由于投标阶段图纸设计深度不足，导致在投标报价时土建综合报价费用较低。实施阶段随着业主需求的不断变化，增加了很多功能要求，导致土建工程总费用要比投标报价增加不少。

（9）2012 年 12 月，Colombo，CS 项目部。

随着详细设计图纸的逐渐批复，施工分包商华南建工根据刚刚审批通过的土建施工图纸核算完工程量。杨雄拿着图纸和工程量清单，急匆匆地走进项目经理丁建的办公室，并把刚刚统计完的工程量清单摆在桌上，用非常镇定的语气说道："丁经理，你们施工图纸的工程量与投标时相比增加太多了。斯里兰卡当地的物价情况你应该也有所耳闻了。"

"原来是杨总啊，稀客稀客，有什么事坐下来说。"丁建知道此人来者不善，但还是假装镇定地招呼他落座。

杨雄摆了摆手，脸上一副很无辜的样子："按照之前投标时的价格我没法继续干了，这么干下去我肯定是赔本买卖，要么咱们重新谈谈合同，要么我的工人就只能撤场了，你们也有合同，可以自己核算一下。"

丁建听了心里暗暗叫苦，真是一波未平，一波又起，但他知道此时再继续理论已毫无意义，他对杨雄说道："这事我需要跟朱总汇报，尽快给你答复。"

随着项目的开展，此时再更换施工单位并非明智之举，不仅项目进度严重受阻，还会因工期延误面临业主的巨额索赔。为避免工期进度延误、业主巨额罚款等更大的风险，最终朱华增加了土建施工分包价格，F 公司的利润进一步被压缩。

除此以外，由于华港国际高估了 F 公司的项目管理能力，仅想坐收渔翁之利，抱着安排几个人在现场收管理费的心态，未对 CS 项目的执行引起足够重视。另外，F 公司确实也缺乏有丰富项目管理经验的人才，项目团队在与各方关系的沟通上也出现了一些问题。

2013 年 4 月，为解决 CS 项目在执行过程中碰到的一系列风险问题，尽快让项目管理工作走向正轨。朱华与项目团队成员一起梳理了 CS 项目当前存在的主要风险问题，并制定了风险应对措施，同时赋予项目经理必要的管理权力，现场牵涉的普通问题，由各责任人牵头解决，记录有关数据并存档，对于涉及项目的重要关键问题，由项目部集中商议后报由丁建决策。同时，对今后可能遇到的风险，提前进行识别并制定相应风险应对预案。

朱华和 F 公司管理层给了了 CS 项目高度的重视，要求公司各部门对 CS 项目做到各种资源的最大供给，包括资金、人员和技术支持，项目各方面条件不断改善。在公司领导的大力支持和项目经理的领导下，项目团队成员积极努力工作，对项目倾注了最大的热情，终于在 2013 年下半年这个前期历经磨难的项目逐渐步入正轨。

朱华于 2013 年 8 月前往斯里兰卡慰问一线工作人员，站在 CS 项目的建设工地上，看着眼前一派繁忙的工作景象和即将封顶的行政办公大楼，终于会心地笑了。

朱华站在自己办公桌前望着挂在墙上的 CS 项目总平面图、CS 项目进度计划图、CS 项目部组织结构图，在欣慰的同时陷入了深深的思考。在 CS 项目启动之初，专门召集大家分析过项目可能遇到的风险，也讨论了应对措施，但为何在项目的实施过程中还是遇到层出不穷、始料未及的问题？将来也许还会遇到更多的风险问题，不能总是出现一个解决一个，当有一天面对更大型的 EPC 项目时，这种"疲于应对"的状态就真的应付不了，早晚会把公司拖垮。朱华坚定地认为，经历过这次风险事件后，公司应该建立一套完善的风险管理机制，做到风险的"主动防范"，这是一条引导大家规避风险的道路，必须得自己走出来……

（10）对项目风险的思考：①CS 项目存在哪些风险及主要特点是什么？CS 项目各阶段风险是如何动态演进的？②CS 项目风险管理的核心内容包括哪些？③大型勘察设计院开展海外大型 EPC 项目需要重点关注哪些风险因素？针对海外大型 EPC 项目应如何进行有效的风险管控？

五、CS 项目风险识别与分解结构

1. 项目的风险识别

在项目启动和规划阶段，F 公司就已经意识到项目的重要性和实施难度，公司高层高度重视，针对项目的风险因素专门组织公司管理层、公司技术负责人、采购经理、设计经理、各专业负责人等各方召开风险管理计划会议，集思广益，通过头脑风暴，大家分别从项目管理及专业技术角度对 CS 项目可能面临的风险进行了分析识别，却忽略了前期投标时未开展现场调研、BOQ 工程量精度不足、投标报价费用较低等风险因素，而这正是对项目执行过程中造成最大影响的风险因素却没有被识别出来。另外，在风险识别的过程中，项目团队成员是关键参与者，只有项目团队成员及主要利益相关者完全参与项目的风险识别过程，才能最大可能发现项目中所蕴含的风险及制定应对措施。但从本案例中可以发现，该论证会只有公司中高层领导及前期投标参与人员参加，项目具体执行人员（如 CS 项目经理、施工经理、HSE 经理等关键人物）并没参与分析，且参会的大部分人员没有去过现场，造成了部分项目风险没有被识别出来，以及项目执行团队成员对该项目的风险没有认知，这也是导致在执行阶段整个项目进展缓慢、工期滞后的根本原因。

在项目执行阶段的前期，设计风险、经济风险、技术风险、采购风险、施工风险接连不断地涌现，但上至公司领导层，下至项目执行团队成员，都没有足够重视。再加上项目执行团队成员前期未参与风险的识别，对该项目的风险缺乏认知以及管理经验的不足，造成了设计审批缓慢、施工进度受滞、项目进展极为被动等局面。

在项目执行阶段的后期，针对 CS 项目的困局，F 公司针对项目的风险因素重新进行了梳理和识别，并大刀阔斧地对项目资源做出了调整，再加上公司高层的大力支持和对人员、物资方面的供给保障，最终使得 CS 项目逐步走向正轨。

（1）CS 项目各阶段主要风险识别。EPC 总承包项目的风险是一个动态演变的过程，随着项目环境的变化，风险的不确定性也是动态变化的。A. B. Huseby，S. Skogen 提出了动态风险的概念，并设计出动态风险分析工具 DynRISK 模型，DynRISK 模型对风险的动态性进行了阐述，认为在项目实际的风险管理中，应把项目视为一个动态的过程，随着项目的逐步推进，决策者可以修改风险管理计划。项目风险的动态性会出现在项目整个生命周期中的各个阶段。

CS 项目从启动投标直至最后的竣工验收，历时 4 年，根据风险发生的时间阶段，在项目全生命周期视角下，项目风险主要可分为投标阶段风险、授标前谈判和签约阶段风险、执行实施阶段风险（可细分为设计、采购、施工等 3 个阶段）、试运行及验收阶段风险。在项目各个阶段，随着项目环境的不断变化，项目风险也不断发生动态变化。CS 项目各个阶段的主要风险分析如表 8 - 2 所示。

表 8-2 CS 项目各阶段主要风险

项目名称	已识别的风险	未识别的风险
投标阶段	经济风险	缺乏现场调研、BOQ 工程量估算不准确、地质风险
授标前谈判和签约阶段	合同风险、自然风险、施工进度风险	分包商履约的可靠性、供应商履约的可靠性
执行实施阶段——设计阶段	国际规范标准不熟悉	社会风险、设计进度、设计审批延误、设计变更、项目团队风险
执行实施阶段——采购阶段	经济风险	采购风险
执行实施阶段——施工阶段	施工进度风险	社会风险、施工材料机械匮乏、施工人员素质低、施工人员效率低、项目团队风险、项目利益相关者的风险

（2）CS 项目风险演进路径分析。在投标阶段，风险集中在经济风险的应对，但从项目整个过程来看，投标时的风险（现场调研的缺失、BOQ 工程量估算不准确、投标设计深度不够、投标报价偏低等）给项目后期执行埋下了巨大风险隐患，并在授标前谈判与签约阶段转换成为合同风险。在项目执行的设计阶段，由于业主和咨询工程师坚持必须严格执行合同条款，投标阶段的报价风险转化为设计变更（优化）和设计报批进度受滞风险。在项目执行的采购阶段，前期由华港国际出面与供应商签订设备采购协议，由于供应商履约的不可靠性和故意抬价行为在采购阶段就

转化为采购风险。在项目执行的施工阶段，由于投标 BOQ 工程量与实际施工工程量相差较大，施工分包商以此为由，不愿履行原先所签协议，并要求提高分包费用，否则撤走施工队伍，施工分包商履约的不可靠性和有意抬高报价行为在施工阶段就转化为施工风险。由于前期投标现场调研的缺失，施工材料机械匮乏、施工人员效率低等风险未被识别出来，从而在施工阶段转换为工期进度风险。由此可知，前期投标、授标前谈判和签约这两个项目前期阶段的风险识别和分析工作是整个项目的风险管理关键因素，直接影响项目执行阶段的顺利开展和成功与否。

（3）CS 项目的风险特点。CS 项目风险除了具有一般项目风险的客观性、不确定性、偶然性和多样性等特点外，还面临社会、经济、文化、自然等诸多因素，受到业主、咨询工程师、分包商、供应商等多方的制约，使得 CS 项目风险又具有特殊性。与普通项目相比，CS 项目风险主要有种类多、涉及的项目利益相关者多、动态变化频繁、难控制等特点。

①风险种类多。在 CS 项目中，不但有社会、文化习俗的风险，还有物价上涨、汇率波动带来的经济风险。此外，还有设计、采购、施工等方面的技术风险，以及气候炎热、地形地质等的自然风险和合同、项目利益相关者的管理风险。多类别的风险增加了风险因素分析的复杂性。

②风险涉及的项目利益相关者多。从 CS 项目合同结构关系可以看出，F 公司不仅受到来自外部上层如业主、咨询工程师、华港国际及斯里兰卡政府相关部门等项目管理方的限制，还要承受设备供应商、施工分包商等来自外部下层分包商的制约，同时

还要获得内部部门（如设计部、采购部等）工作上的积极支持。

③风险动态变化频繁。在 CS 项目中，由于环境的动态变化和 F 公司受多方制约的地位，都会使得项目风险的不确定性大幅增加。在项目执行过程的每个阶段，项目分包合同的履约情况、项目利益相关者之间的关系及其利益的影响，都会使得项目风险是动态变化的。CS 项目在"借船出海"的模式下，由于 F 公司在投标阶段、授标前谈判及签约阶段、采购阶段、施工阶段等关键环节缺乏话语权，导致项目在不同阶段中不断出现新的风险，F 公司基本是疲于应付的。CS 项目所面临的环境都是在不断变化和发展的，风险具有明显的动态性。

④风险难控制。在 CS 项目管理中，F 公司除了要满足业主、咨询工程师的各种要求外，还要执行华港国际的各项管理规定。而且主要的设备分包商在投标阶段已经由华港国际确定，施工分包商是项目的发起人之一，诸多的风险因素交织影响使得 CS 项目风险难以控制。

2. 项目风险责任人

F 公司在执行 CS 项目的风险管理过程中，基本都遵循了 PMBOK（第 5 版）规定的风险管理流程，并将风险管理的主要资源集中在风险管理规划、风险识别、风险应对及风险监控等方面，且经过风险识别，针对能够辨识到的风险因素，实施了定性风险分析。虽未形成书面输出文件或系统性管控制度，只是以习惯性的行政命令、领导决策以及大型国企沉淀的抵抗风险的潜在能力等形式表现出来，但确实对风险起到了有效的控制和应对。CS 项目各阶段主要风险管理参与者的情况如表 8 - 3 所示，项目风险管理一般流程与本案例 CS 项目实际风险管理对比分析如表 8 - 4 所示。

表 8 - 3　CS 项目各阶段风险管理主要参与者

项目阶段	风险管理主要参与人员
投标阶段	公司管理层、公司副总经理、设计经理
授标前谈判和签约阶段	公司管理层、公司副总经理、公司总工程师、公司副总工程师、设计经理、采购经理、各专业负责人
执行阶段——设计阶段	公司管理层、公司副总工程师、项目经理、设计经理、各专业负责人
执行阶段——采购阶段	公司管理层、公司副总工程师、项目经理、采购经理、设计经理、各专业负责人
执行阶段——施工阶段	公司管理层、公司副总工程师、项目经理、设计经理、各专业负责人

表 8 - 4　项目风险管理一般流程与 CS 项目实际风险管理对比

风险管理一般流程	CS 项目风险管理实施情况
风险管理规划	以专家判断和召开风险管理计划会议的形式对 CS 项目进行了初步风险规划
风险识别	以专家会议和专业人员判断的方式对 CS 项目面临的主要风险进行了识别
风险评估	根据风险发生的概率或可能性、风险发生后对项目的危害程度来评估已识别风险的优先级
风险应对	对 CS 项目风险采取规避、减轻、转移、自留等应对措施
风险监控	实施风险应对计划，识别和评估新的风险，积极进行风险应对

　　F 公司在承接 CS 项目前专门组织了公司管理层、公司总工程师、设计经理、各专业负责人等各方人员召开风险管理计划会议，对承接项目的可行性进行了分析讨论，并整理了输入信息，包括：①项目范围说明：对 CS 项目的规模和主要建设内容进行了梳理；②项目章程：承接 CS 项目是 F 公司纵向一体化战略的落地和具体实施，意在通过这个项目，积累项目管理经验，锻炼项目管理团队，储备项目管理人才，熟悉国际项目运作流程，增加 F 公司海外大型 EPC 项目的业绩，为公司"走出去"做准备；③利益相关者登记：对项目所涉及的 F 公司内部部门及关键人物、华港国际相关部门及关键人物、华南建工相关部门及关键人物以及其他项目利益相关者进行了梳理，分析了利益相关者的主要期望和潜在影响；④事业环境因素：分析了 F 公司、华港国际及华南建工等利益相关者的各自风险承受能力，并初步剖析了 F 公司承接 CS 项目盈利的可能性；⑤组织过程生产：对项目投标过程存在的问题和风险进行分析总结；⑥工具与技术：通过举行风险管理计划会议，集思广益，头脑风暴，发挥团体智慧，公司管理层、公司技术负责人、采购经理、设计经理、各专业负责人及项目团队其他成员畅所欲言、各抒己见，从项目管理及专业技术角度阐述了项目所面临的风险；⑦输出：分析总结了承接 CS 项目的利弊，肯定了承接项目的可行性和盈利的可能性，并形成了会议纪要作为项目管理文档备案。

3. 项目风险的分解结构

项目执行阶段的风险管理是项目风险管理全过程的重要环节，直接关系到整个项目的成败，在项目执行阶段必须重新对项目风险进行再次识别、分析和完善风险源，针对不同类型的风险，制定相应的应对措施。但 F 公司在执行阶段没有再执行这一过程，没有预先发现风险隐患，更谈不上监控，因此，CS 项目始终处于出现一个风险解决一个的疲于应付状态。CS 项目启动阶段主要利益相关者参与风险识别情况如图 8 - 6 所示。

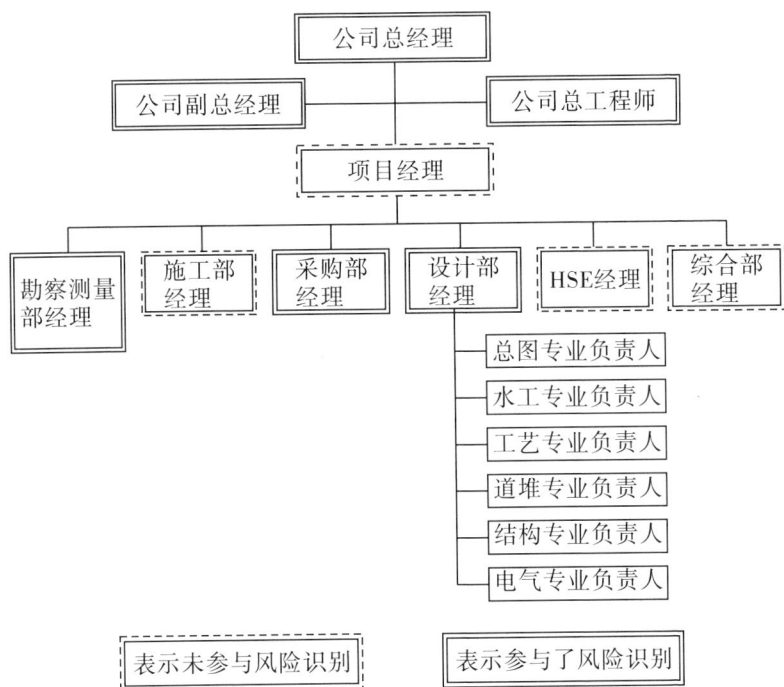

图 8 - 6 CS 项目启动阶段主要利益相关者参与风险识别情况图

　　CS 项目是 F 公司承接的海外大型 EPC 总承包项目，不仅面临着 EPC 项目环境的风险和项目自身的风险，还面临着项目各利益相关者带来的风险。在分析项目风险时，应从以上 3 个维度对项目全过程进行分析，项目整体风险分析如图 8 – 7 所示。根据项目的整体风险分析法，CS 项目风险分解结构（risk breakdown structure，简称 RBS）如图 8 – 8 所示。

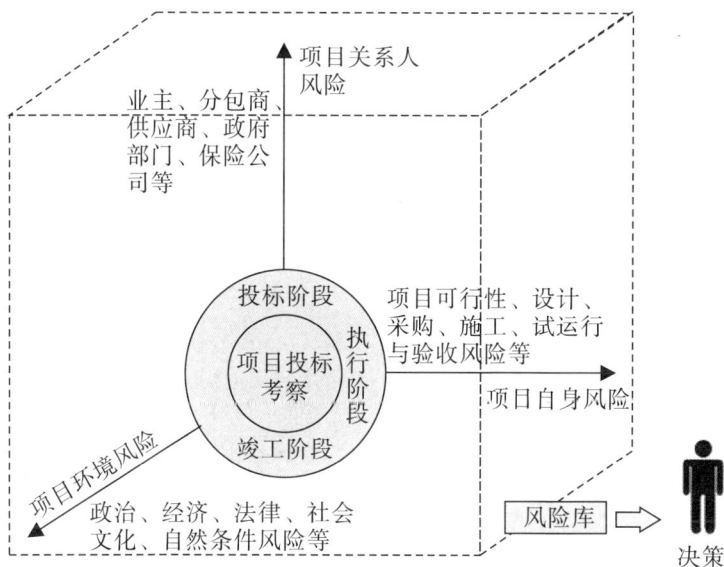

图 8 – 7　项目整体风险图

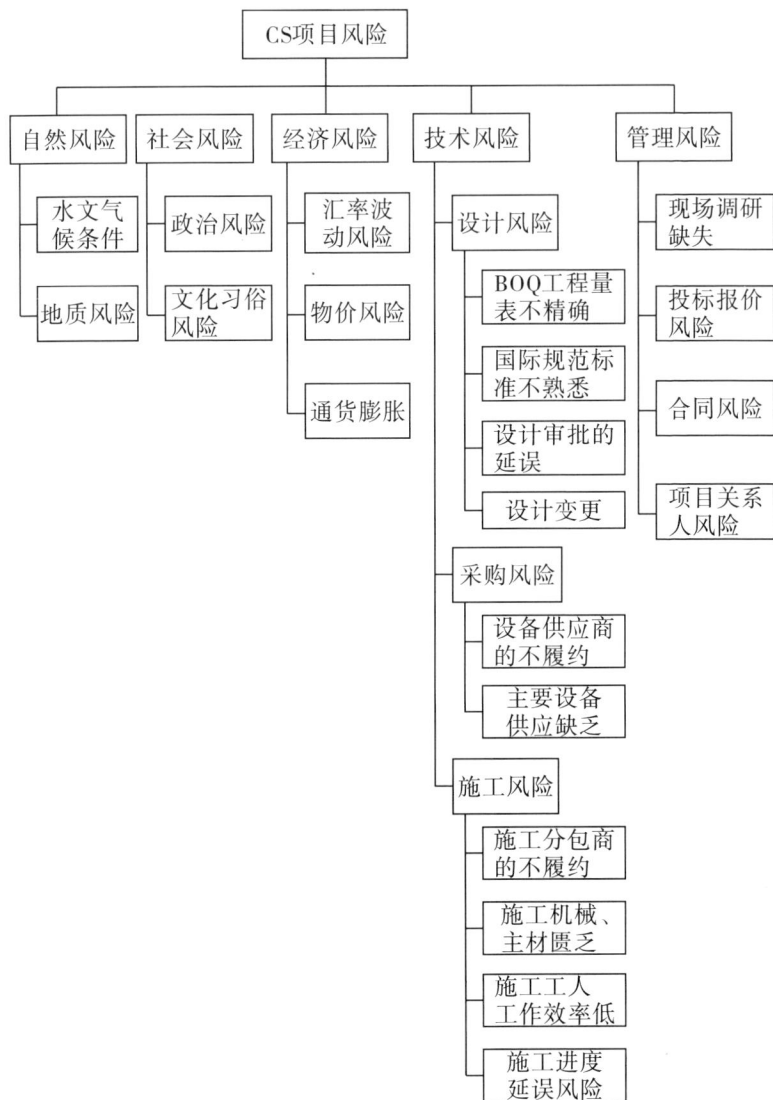

图 8-8　CS 项目的风险分解结构图

六、CS 项目风险评估与应对

1. 项目的风险评估分析

风险评估是指综合运用统计、概率分析等技术方法来确定各种潜在风险发生的概率和对项目的危害程度的分析过程。对项目风险进行评估的目的在于找出发生概率最高的风险事件，从而为风险监控提供可靠的分析依据。根据风险发生的相对概率或可能性、风险发生后对项目目标的相应影响以及与项目成本、进度、范围和质量等制约因素相关的组织风险承受力，来评估已识别风险的优先级，但这类评估通常会受项目团队和其他利益相关者的风险态度影响。建立概率和影响层级定义，有助于减少偏见的影响。

下面主要对影响 CS 项目的风险值、风险发生概率、风险造成的危害程度等进行评估，如图 8 - 9 所示。

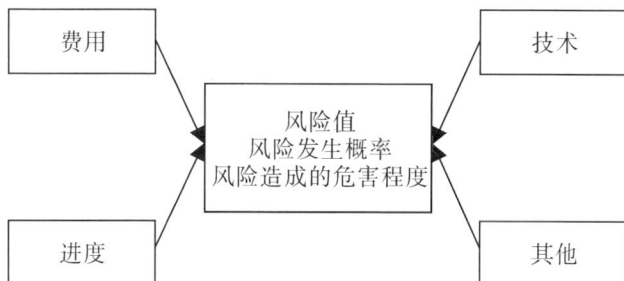

图 8 - 9 风险评估示意图

风险值＝风险发生的概率×风险造成的危害程度。

可能性（概率）：0＜风险概率＜100%。

严重性（危害程度）1～5级：1轻微，2轻，3中，4严重，5危害。

分析风险发生的概率和量化的影响程度，得出风险等级：风险值≥1.5，高风险；0.8＜风险值＜1.5，中风险；风险值≤0.8，低风险。

评估指标及CS项目风险量化评估见表8-5至表8-8。

（1）风险量化——概率分析法。

表8-5　风险发生概率表

风险发生概率	说明	举例
81%～100%	发生概率非常高，几乎肯定发生	投标设计与招标文件要求不完全符合
61%～80%	发生概率高	现场调查及考察缺失
51%～60%	发生概率比较高	BOQ工程量不准确
21%～50%	有可能发生	设计审批延误
11%～20%	不大可能发生	伤亡事故
0～10%	几乎不可能发生	地震、战争

（2）按照风险严重性级别评价。

表 8 - 6　风险的危害程度表

严重性 （危害程度）	标准	等级
危害	对项目影响重大，可能会导致项目中止	5
严重	严重影响费用、进度或质量，工作可以完成，但利益相关方非常不满意	4
中	影响项目费用、进度或质量，利益相关方不满意	3
轻微	轻微项目影响费用、进度或质量，利益相关方略微不满意	2
轻	未对项目造成不良后果	1

（3）风险量化——风险值 = 可能性 × 严重性（危害程度）。

表 8 - 7　风险等级表

风险等级	对应风险值
高风险	≥1.5
中风险	0.8 ~ 1.5
低风险	≤0.8

（4）CS 项目风险量化评估。

表 8 - 8 CS 项目风险量化评估表

风险类别	编号	风险识别		风险评估			
		潜在的风险事件	风险发生的后果	可能性	严重性	风险值	风险等级
政治风险	1	政局动荡、政权更迭	项目中止	35%	5	1.75	高
经济风险	2	汇率波动	费用增加	40%	2	0.8	低
	3	价格波动、通货膨胀	费用增加	20%	2	0.4	低
社会文化风险	4	宗教和文化习俗	工期拖延	55%	2	1.1	中
	5	社会治安状况	工期拖延	10%	1	0.1	低
自然条件风险	6	工程地质条件	费用增加	60%	2	1.2	中
设计风险	7	国际规范标准不熟悉	费用增加	55%	3	1.65	高
	8	设计审批延误	工期拖延	50%	4	2	高
	9	设计错漏、缺陷	费用增加	25%	2	0.5	低
	10	BOQ 工程量不准确	费用增加	55%	3	1.65	高
采购风险	11	供应商的不履约	费用增加	45%	2	0.9	中
	12	主要设备供应缺乏	费用增加、工期拖延	45%	3	1.35	中

（续上表）

风险类别	编号	风险识别		风险评估			
		潜在的风险事件	风险发生的后果	可能性	严重性	风险值	风险等级
施工风险	13	分包商的不履约	工期拖延	45%	2	0.9	中
	14	施工机械、主材匮乏	费用增加、工期拖延	45%	3	1.35	中
	15	工人工作效率低	费用增加、工期拖延	25%	2	0.5	低
	16	施工失误或施工组织方案不合理	费用增加、工期拖延	15%	3	0.45	低
业主风险	17	工程款支付延误	工期拖延	15%	3	0.45	低
	18	要求变更堆场工艺方案	费用增加、工期拖延	30%	4	1.2	中
咨询工程师风险	19	专业性、公正性、经验丰富程度	费用增加、工期拖延	25%	3	0.75	低
	20	对设计图纸审批的严格性、及时性	费用增加、工期拖延	25%	2	0.5	低

通过以上的风险量化分析，可得到 CS 项目风险值的直方图，如图 8－10 所示。

□风险值

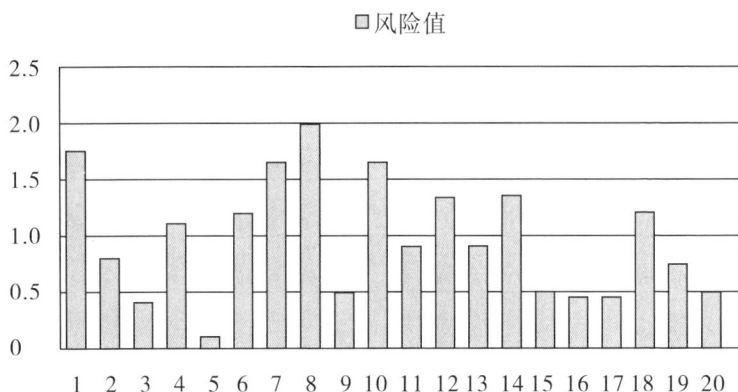

图 8 - 10　风险值直方图

结合表 8 - 8 和图 8 - 10 分析结果可知高风险因素有：1 政局动荡、政权更迭，7 国际规范标准不熟悉，8 设计审批延误，10 BOQ 工程量不准确；中风险因素有：4 宗教和文化习俗，6 工程地质条件，11 供应商的不履约，12 主要设备供应缺乏，13 分包商的不履约，14 施工机械、主材匮乏，18 业主要求变更堆场工艺方案；低风险因素有：2 汇率波动，3 价格波动、通货膨胀，5 社会治安状况，9 设计错漏、缺陷，15 工人工作效率低，16 施工失误或施工组织方案不合理，17 业主工程款支付延误，19 咨询工程师的专业性、公正性、经验丰富程度，20 咨询工程师对设计图纸审批的严格性、及时性。

通过对风险进行分类，总承包商能够更好地辨识项目风险，还能够针对不同类型的风险因素制定相应的应对措施，从而达到风险管控的目的。

2. CS 项目风险应对分析

风险应对是针对项目目标制定降低风险威胁的方案和措施的过程，需根据风险的优先级来制定应对措施，拟定的风险应急预案须与风险的危害性相匹配，能及时、经济、有效地应对风险挑战。风险应对的策略有：风险规避、风险转移、风险减轻、风险自留、风险分担等，具体采取哪种方法应结合风险来源、项目进展以及企业对风险的承受能力进行综合分析选择。风险应对策略的选择如图 8 - 11 所示。

图 8 - 11　风险应对矩阵

结合前文风险量化评估的结果，本案例 CS 项目在风险管理过程中，面对不同类型的风险，结合风险应对矩阵，分别相应采取如下不同的风险应对策略：对于业主提出更改堆场工艺方案、施工设备材料匮乏等风险，考虑到其风险发生的概率为中等，一且发生则会造成项目费用增加、工期拖延的风险后果，其危害程度较高，宜采取风险规避的应对策略；对于国际规范标准不熟悉、设计审批延误等风险，考虑到其风险发生的概率较高等，但通过认真学习相关国际规范和积极与咨询工程师进行有效沟通可以减轻此类风险，其危害程度较低，宜采取风险减轻的应对策略；对于当地政局动荡、政权更迭等政治风险，虽然风险发生的概率较低，但一旦发生则会给项目带来严重危害，甚至造成项目中止，因此，对此类风险宜采取转移风险的应对策略；对于工程量增加、供应商肆意抬高报价等诸如此类的风险，其风险发生概率较高，风险危害程度较低，宜采取风险自留的应对策略。具体风险应对措施如表 8-9 所示。

表 8-9 CS 项目风险应对策略

风险应对策略	风险类别	风险应对措施
风险规避	业主提出更改堆场工艺方案	针对业主提出的更改工艺方案变更堆场设计的要求，通过详细的评估分析，积极与现场项目部沟通，对当地供电能力进行调研，最终形成一份书面的评估报告，上报给业主，最终说服业主取消了方案更改，有效地避免了无谓的重复返工及设计审批延误的风险
	施工设备材料匮乏	针对现场施工设备材料匮乏的状况，及时调整设计方案，将基础由预应力混凝土管桩改为灌注桩，根据当地能买到的钢筋调整钢筋型号并重新布筋

（续上表）

风险应对策略	风险类别	风险应对措施
风险减轻	国际规范标准不熟悉	收集欧美国际规范及有价值的参考图纸，组织各专业人员仔细学习和消化
	设计审批延误	按国际惯例补充设计大纲、GAR 报告；主动出击，在最短的时间内完成设计修改工作，并要求对方进行确认；积极与咨询工程师沟通，通过设计协调会的方式解决双方存在的分歧问题，积极推进设计的审批进度
风险转移	政治风险	向保险公司投保，购买工程保险
风险自留	炸礁工程量增加	为保证工期进度，主动接受了增加的炸礁工程量
	供应商、分包商不履约、肆意抬高报价	为避免遭受工期延误、业主巨额罚款等更大风险，在无法更换分包商和供应商的苦衷下，经过权衡利弊，主动接受了对方的提价要求

　　海外大型 EPC 项目的风险管理应贯穿于项目生命周期全过程，在整个 EPC 项目的风险管控中，最重要的是要防范和规避风险发生的可能性，从而提高项目风险管理的成功概率，实现项目既定目标。结合本案例 CS 项目的风险管理执行过程，对海外大型 EPC 项目的实操经验做一个总结，具体如表 8 - 10 所示。

表 8 - 10　CS 项目风险应对措施与建议

项目阶段	CS 项目遇到的风险因素	风险应对措施与建议
投标阶段	现场调查及考察缺失	承包商应在时间、费用允许的情况下，尽可能详尽地考察、调研现场的情况，并收集相关的水文气象、地形地质、地下管线等基础资料，做好相应的应急预案和处理措施
	投标设计深度不足，BOQ 工程量不准确	设计是 EPC 工程的龙头，投标阶段应充分地做好设计工作，并尽可能地深化设计，确保 BOQ 工程量的相对准确性，投标报价要全面综合考虑，做好风险控制工作
	投标设计与招标文件要求不完全符合	加大人员投入，仔细认真地研读消化招标文件的每条合同内容，发现不严谨或存在歧义的地方，应通过发函的形式向业主要求澄清，并记录和存档
授标前谈判和签约阶段	业主以各种理由延迟支付工程进度款	合同谈判应明确业主要条款，业主最大责任就是按时、足额支付款项，合同条款中应争取对业主拖延付款规定罚息，并对业主拖延付款造成的后果规定违约责任

（续上表）

项目阶段	CS 项目遇到的风险因素	风险应对措施与建议
执行实施阶段——设计阶段	国际规范标准不熟悉	组织技术人员学习国际通用的欧美规范常用技术标准；另外，国家有关部门应组织翻译中国规范的英文版，加大力度推行中国技术标准的国际化，从而使中国标准真正"走出去"
	设计审批延误	消化合同对设计的各项要求，严格审查对外文件，把好技术关，方案做到合理优化，满足使用功能要求，设计成果应符合国际惯例和表达方式
	业主要求变更堆场工艺方案	重视与业主、投资方、咨询工程师的沟通交流，以科学数据说话，减少设计变更的可能性
执行实施阶段——采购阶段	供应商不履约	建立自己的供应商名单和长期战略合作伙伴关系，保持沟通渠道的畅通，准确了解市场价格，并据此调整采购策略；在符合招标文件规定要求的前提下，考虑多家供货渠道，综合报价；签订有约束力的供货合同，若随意抬价则按违约处理
执行实施阶段——施工阶段	分包商不按原合同履约，利用各种手段寻求抬价，拖延工期	建立自己的分包商名单和长期战略合作伙伴关系，充分调查分包商资金及信誉情况，以及其设备和施工能力
	现场设备材料匮乏	必要时更改设计，根据当地拥有的设备类型和能采购到的材料及时调整设计方案

随着项目的推进，新的风险不断涌现，且有时不为人所知，这些风险都充分体现了风险种类多、动态变化频繁、难控制等特点。F 公司在 CS 项目风险不断涌现的过程中采取规避、减轻、转移、自留等应对策略，并根据不同类型的风险，分别相应采取不同的风险应对措施，使已经出现的风险得到了有效的控制。在风险得到控制的同时，F 公司及时对项目资源做出调整，给予项目最大限度的人员和资源支持，并得到公司高层的大力支持。建立及时通报机制，使新的风险能够快速有效地得到控制。另外，F 公司积极与华港国际、业主、咨询工程师等进行沟通，最终使项目的实施逐步走向正轨。

七、海外大型 EPC 项目风险应对总结

1. 海外大型 EPC 项目风险分析总结

在海外大型 EPC 项目风险管理全过程中，不仅面临 EPC 项目环境风险，还面临 EPC 项目自身风险和项目利益相关者风险，影响海外大型 EPC 项目的风险因素总结如表 8 – 11 所示。

表 8 – 11 海外大型 EPC 项目风险来源、类别及影响因素

风险来源	风险类别	风险影响因素	目的和意义
EPC 项目环境风险	政治风险	①项目所在国政局、社会的稳定情况 ②中国与项目所在国的关系 ③项目所在国政府对相关业务运营的限制 ④与当地政府订立的合同的强制性 ⑤政权更迭	分析项目所在国的政治环境，判断项目能否顺利执行，是否会被扰乱或中断
	经济风险	①汇出利润的能力 ②项目所在国汇率波动 ③项目所在国筹资、付款问题的限制 ④当地政府对现金、外汇的管理 ⑤价格波动、通货膨胀 ⑥影响流动资金成本、提供或购买的货物和服务的价格的市场因素	分析项目所在国的经济是否稳定，判断项目实施能否滚动发展，资金能否及时收回，汇率变动是否稳定，外汇管制是否合理
	社会文化风险	①项目所在国宗教和文化习俗 ②当地政府的办事效率 ③当地公众的反应、抱怨、感知、误解、抗议等 ④项目所在国社会治安情况 ⑤项目所在地劳动力数量、劳动效率及工资水平高低	了解不同民族、宗教、文化之间的冲突问题，尽可能地避免冲突；了解舆论方向，增加企业社会责任感，提升企业知名度和影响力
	法律风险	①项目所在国法律体系是否成熟健全 ②外资公司在当地经营的法律限制条件 ③当地海关对货物进出关的法律限制条件 ④承揽当地工程法律有无特殊规定或要求	了解项目实施所需遵循的法律法规，合理安排项目执行策略，避免因误犯而造成损失

（续上表）

风险来源	风险类别	风险影响因素	目的和意义
EPC项目环境风险	自然条件风险	①水文气象条件 ②项目现场交通运输条件 ③场地地形地貌、工程地质条件 ④场地是否涉及拆迁以及延误	了解项目施工中可能遇到的自然条件风险，提前采取措施并合理估计工期、费用
EPC项目自身风险	招标文件风险	①对招标文件合同条款潜在风险点的辨析 ②对招标文件的理解程度 ③对招标信息的有效收集和汇总 ④对招标文件的评审	维护自身权益，降低项目执行过程中由于对合同理解的不同而引起争端的风险
	授标前谈判和签约风险	①用于决策的信息的完整性、准确性 ②谈判前准备工作不足，谈判处于被动 ③急于求成，为了尽快签订合同，盲目承诺 ④投标报价价格风险	分析由于合同管理不当引起的风险，重视合同管理，制定相应管理措施
	设计风险	①技术规范标准的不熟悉 ②设计方案的不合理，大量变更 ③设计审批延误 ④设计错漏、缺陷 ⑤BOQ工程量清单估算的不准确性	分析项目实施中可能遇到的设计风险，做出评估以确定合理的设计方案
	采购风险	①项目所需设备、材料匮乏，价格上涨 ②采购方案制订不合理，采购人员工作失误 ③业主指定的供应商的配合程度 ④供应商履约的可靠性	分析项目实施中可能遇到的采购风险，做出评估以确定合理的采购方案

（续上表）

风险来源	风险类别	风险影响因素	目的和意义
EPC 项目自身风险	施工风险	①现场条件恶劣 ②劳动力缺乏、劳动效率低、工伤事故 ③施工机械设备缺乏 ④施工人员失误或施工组织方案不合理 ⑤分包商履约的可靠性	分析项目实施中可能遇到的施工风险，做出评估以确定合理的施工方式
	试运行与验收风险	①试运行缺乏所需外部条件 ②试运行程序不清 ③验收标准不清	分析项目实施中可能遇到的试运行与验收风险，做出评估以确定应对措施
EPC 项目利益相关者风险	业主风险	①合同责任与风险分担界限约定不清 ②存在违约行为、破产或出现财务危机 ③对项目范围、规范、费用、工期等变更态度 ④工程款支付问题，如延迟支付 ⑤信用评价	分析施工过程中是否过于严苛而导致费用增加，判断工程款能否及时支付，索赔是否困难
	咨询工程师风险	①咨询工程师的专业性、公正性、经验丰富程度 ②对设计图纸审批的严格性、及时性 ③咨询工程师与承包商之间的关系	了解咨询工程师的特点，有助于与咨询工程师保持良好关系，避免出现不公平对待

（续上表）

风险来源	风险类别	风险影响因素	目的和意义
EPC项目利益相关者风险	承包商自身风险	①承包商道德风险 ②沟通风险	遵守行业操守，避免引起制裁或声誉受损
	分包商、供应商风险	①工作范围的界定 ②选择可靠的合作伙伴，履约的可靠性 ③设备材料价格的抬价风险 ④设备材料质量能否满足要求并及时供货	合理安排施工计划，增加可靠性
	代理人风险	①代理的费用及工作范围界定约定不清 ②代理的信誉及能力水平	规避自身不熟悉领域，增加成功的可能性
	政府部门的行为风险	①当地政府部门的办事程序 ②当地政府部门的办事效率	了解当地政府部门的特点，做好应对措施

2. 海外大型 EPC 项目风险应对总结

EPC 总承包模式特点在于其对风险职责的划分界定清晰，在此管理模式下，总承包商能够充分发挥其主观能动性，充分运用其项目管理经验，整个项目的建设速度和投资效益得到整体提高。对业主而言，EPC 模式具有缩短总工期、促进各项工作有效衔接、加快项目竣工投产并能显著降低业主风险等优点，越来越得到项目业主方的青睐。但对于总承包商而言，EPC 总承包模式在降低业主风险的同时将风险无形转嫁给总承包商。因此，EPC

项目管理模式对总承包商的综合管理能力和经验水平要求很高，不仅要具备极强的项目风险管控能力，还要熟悉国际经济环境、国际工程采购和国际项目管理惯例。对此，针对海外大型 EPC 项目风险的管控提出几点建议：

（1）重视标前考察和调研，加大力度了解和收集项目相关的信息资料。在海外工程实践中，无目标考察或者依赖片面考察信息来进行投标报价最终严重亏损的案例不在少数。因此，在投标前做好充分的前期调研工作，翔实、准确、全面地掌握海外大型 EPC 项目的资料信息，不仅能在投标中取得优势，而且能对风险进行有效的识别和规避，反之就会导致决策失误。在 CS 项目案例中，正是由于在投标阶段对现场调研工作缺失，对项目信息了解不充分，掌握的基础资料不精准，导致在项目执行阶段风险频出，进展艰难。因此，针对海外大型 EPC 项目的风险特点，承包商要想顺利地完成项目，就应该从整个项目的全局角度审视，在项目前期加大投入力度，尽可能地了解和收集项目信息和基础资料，投标考察其实是项目投标信息收集工作的具体深化，也是项目风险的识别过程。作为投标价格组成的基础信息来源，标前考察的全面与否是投标报价合理与否、项目执行成败的关键。

（2）加强海外项目风险管理机制建设。没有风险的国际工程项目是不存在的，项目收益与风险往往是成正比的，承包商通过预知识别风险，提高风险规避和管控水平是在当今海外市场提高自身竞争力的根本。中国承包商在进行海外投资和市场开发时，要清醒地意识到海外市场面临的风险因素及复杂的风险状况，应从危机管理机制和风险应对方案建设方面提升企业的应变能力，并及时采用风险管理手段和保险解决方案来防范风险带来的损失。

（3）深刻把握海外市场的运作特点并加强合同风险管控。与国内项目宽松的协调机制不同的是，海外项目约束性极强，且缺乏弹性，讲究契约精神，一切以合同为准，一切工作按合同执行。海外市场是典型的买方市场，承包商处于弱势地位，在国际工程招投标过程，业主作为合同文件的起草者同时也掌握着中标者的选择权和决定权，地位的不平等直接导致招投标双方的风险分担原则也不尽公平，特别是 EPC 总承包项目，业主往往会利用自己的控制地位通过修订合同条件的方式转移风险，从而将合同中原本应由业主承担的风险转移给承包商。因此，承包商对海外项目的不确定性要有清醒的意识，对项目存在的各类型风险要有准确的辨识和预判能力，要有化解各种风险危害的应急预案。要具备极强的变通处事能力，切勿为急于开拓海外市场，急功近利，急于求成，草率签约。同时应对合同管理加强管控，对招标文件合同条款潜在的风险点加以辨析和识别，是海外项目执行成功的起点。

（4）有效投保和加强保险管理。国际工程项目风险的不确定性和复杂性，决定了承包商在项目全生命周期过程中需要承担各种风险，所以对项目的风险进行防范尤为重要。风险防范的方法很多，购买保险是其中一种十分有效的风险转移策略。但目前，中国承包商在海外保险实践中还存在很多问题，譬如对投保的必要险种存在侥幸心理，公司对保险管理制度执行欠佳等。对此，为做好风险防范，承包商有必要加强公司保险管理工作，并做到有效投保。要使风险能够得到充分保障，需做到以下两点：首先，要充分投保。保险合同不仅要充分满足项目合同的要求，还要做到投保险种充分、投保金额设置合理、保险时效充分。其次，要加强保险管理。可结合企业自身的发展特点，在海外项目投标阶段即引入专业咨询以规避合同风险，采取保险统一管理的模式，形成一套完整的管理流程，通过划分项目类型和地区，有针对性地设计保险方案，以满足海外项目个性化需求。

（5）建立高效的项目管理团队。从事海外大型 EPC 项目管理的人员应该是集专业技术知识、项目管理知识、合同商务、财务经济于一身的复合型人才。从事海外大型 EPC 项目需要有优秀的项目经理，以及由相关合适的人员组建的一个完整项目团队，保证其各个岗位的运转流畅，保证项目风险全过程管理的有效实施，这是海外大型 EPC 项目取得成功的基本保障。一个完整的海外大型 EPC 项目典型组织结构如图 8-12 所示。

```
                          ┌──────────┐
                          │  项目经理 │
                          └────┬─────┘
              ┌────────────────┴────────────────┐
      ┌───────────────────┐          ┌──────────────────┐
      │ 现场经理（副经理）│          │  项目总工程师    │
      └───────────────────┘          └──────────────────┘
```

控制部经理	商务部经理	施工部经理	采购部经理	设计部经理	HSE经理	综合部经理
进度控制	合同管理	进度管理	仓库管理	总图专业负责人	安全管理	行政秘书
费用控制	造价管理	质量管理	材料管理	水工专业负责人	施工管理	文档管理
综合管理	保险管理	费用管理	采购管理	工艺专业负责人	……	后勤管理
……	……	现场施工管理	……	电气专业负责人		财务管理
		……		结构专业负责人		……
				……		

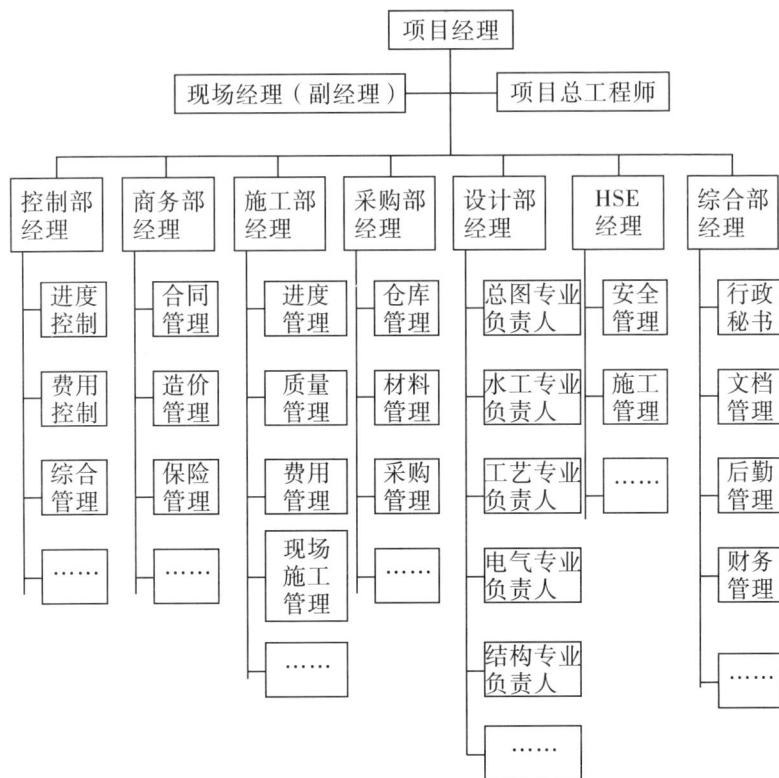

图 8 - 12　海外大型 EPC 项目典型组织结构

（6）拟定科学的项目风险管理流程。海外大型 EPC 项目具有建设周期长、工程技术复杂、项目投资大、不确定因素众多等特点，从而导致影响项目的风险因素也更多更复杂，业主通过 EPC 合同将绝大部分的风险转嫁给了承包商，因此，海外大型 EPC 项目风险管理应密切关注风险的动态变化和发展，遵循全过程风险管理的流程，即在不同阶段重复进行项目风险管理规划、风险识别、风险评估、风险应对和风险监控，实时做好项目风险管控。

海外大型 EPC 项目风险全过程管控流程如图 8 - 13 所示。

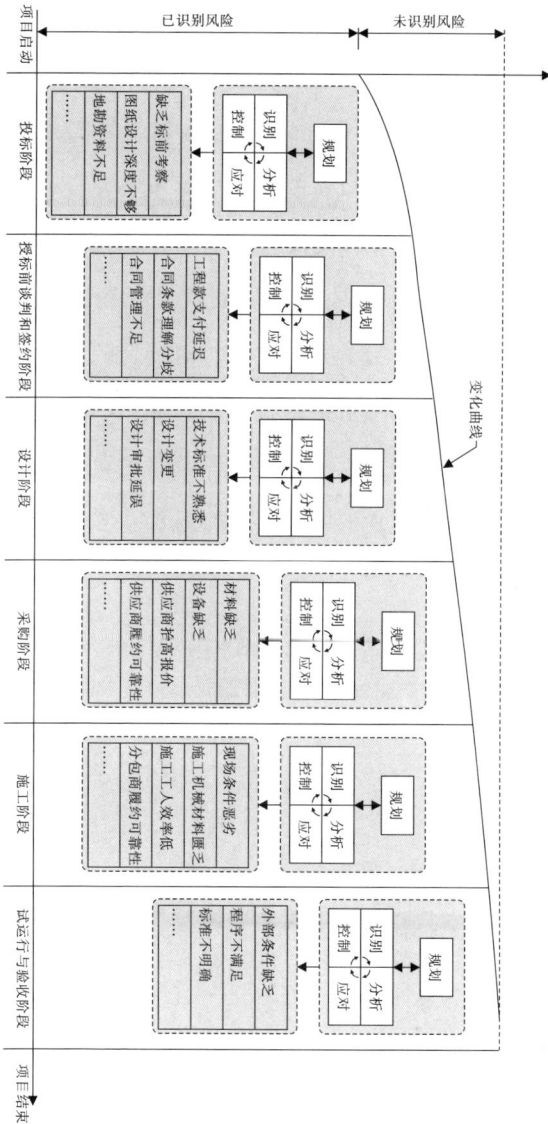

图 8 - 13　海外大型 EPC 项目风险全过程管控流程

（7）项目资源配置与风险管理的动态匹配。海外大型 EPC 项目风险种类多，且动态性变化频繁，这样的不确定性带来的风险远远大于其他可以识别的风险，从事海外大型 EPC 项目的企业首先要从公司管理层面予以高度重视，全面协调，及时调动优质资源应对项目风险的动态变化。CS 项目在风险管理规划、风险识别、风险评估这三个过程所做的工作虽然不够充分，但在风险出现后，对风险做出了比较及时的应对措施并使风险得到了有效的控制。在项目执行阶段后期，F 公司对项目资源做出了相应调整，从人员、物力、资金上给予大力支持，对项目的风险因素重新进行了梳理和识别，并在项目执行过程中，赋予项目经理风险管理的权利和义务，最终使得 CS 项目逐步走向正轨。海外大型 EPC 项目资源配置与风险管理的匹配情况如图 8-14 所示。

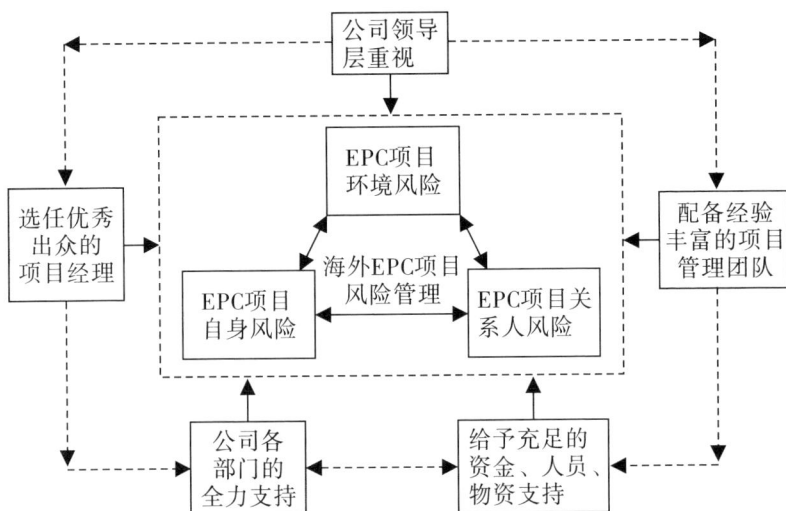

图 8-14　海外大型 EPC 项目资源配置与风险管理匹配

（8）有效沟通。做好科学沟通工作到底有多重要，它对于一个企业的重要程度如何，先来看一看世界各大商业领袖及业界学术权威们是怎么说的。杰克·韦尔奇（Jack Welch），美国通用电气公司前任 CEO："管理就是沟通、沟通再沟通。"松下幸之助（日本松下电器创始人）："企业管理过去是沟通，现在是沟通，将来还是沟通。"显而易见，沟通对于企业管理（项目管理）的重要性不言而喻。特别在海外大型 EPC 项目中，涉及多方的利益，业主、咨询工程师、承包商、分包商、供应商、中介代理、政府相关部门等都是项目利益相关者。承包商首先要以业主为中心，尊重业主需求，平衡各利益相关者的利益，通过有效沟通，促进各方的相互理解，增进信任，达成合作共识，建立共赢的关系。

在 CS 项目案例中：首先，F 公司与业主的有效沟通可以成功规避设计变更风险。面对业主提出更改工艺方案变更堆场设计的要求，F 公司通过详细评估分析，积极与现场项目部沟通，对当地供电能力进行调研，最终形成一份书面的评估报告，上报给业主，通过与业主的积极沟通，最终说服业主取消了方案更改，有效避免了无谓的重复返工及设计更改风险。

其次，F 公司与咨询工程师的有效沟通可以加快设计审批的进度。项目执行初期，由于业主管理流程的混乱（业主多次通过非正式渠道针对设计方案提出了新的想法和功能要求，而这些修改要求并未事先知会咨询工程师，修改指令也未通过咨询工程师正式发出）。另外，由于国内外设计理念、工作习惯、设计成果表达方式等方面的差异，再加上设计初期与咨询工程师缺乏有效的沟通，双方意见分歧较大，导致设计一直迟迟未获批复，后续工作的实施困难重重。经历了数次的纠缠和挫折后，F 公司针对业主和咨询工程师的工作特点，调整工作方法。同意按照国际惯例补充设计大纲、GAR 报告，主动出击，在最短的时间内完成设计修改工作，并要求对方进行确认；积极与咨询工程师沟通，通过设计协调会的正式沟通渠道（召集业主、咨询工程师、承包商三方共同参会）解决双方存在的分歧问题，积极推进设计的审批进度。经过多次的会商和讨论，设计图纸逐步通过了审批，设计工作初步完成并得到业主的认可，项目得以向前推进。

再次，F 公司与分包商的及时沟通可以避免更大的风险。在项目执行过程中，面对施工分包商提出的提价要求，经过权衡利弊，主动接受了对方的提价要求，从而避免了工期延误、业主巨额罚款等更大风险。

如何处理好各方关系，找到利益共同点，做到有效沟通，是海外大型 EPC 项目管理工作的一项重要内容。此外，在项目内部，建立全通道的沟通渠道，保证风险管理的全员参与，可以有效规避由于风险利益相关者识别不到位带来的行为风险。

八、CS 项目的后续发展

自 2014 年 4 月竣工投产后，CS 项目业务增长迅速，当年完成了 680 000 TEU 装卸量，使得整个斯里兰卡 Colombo 港吞吐量增长 14%，创造了 2014 年世界港口增长最快纪录。2015 年 8 月，F 公司 CS 项目团队一行抵达曾经奋战过日日夜夜的 Colombo，对 CS 项目进行回访，并分别与总承包商华港国际、业主 CMHI 等召开了回访交流会。

在与华港国际的回访交流会上，华港国际首先肯定了 CS 项目作为当时斯里兰卡国内最大的外商投资项目在工程技术难度与施工速度上创造了新的里程碑，对全体项目团队成员的辛勤努力和付出表示感谢。其次，双方就项目执行过程中遇到的风险和教训进行了交流探讨，总结经验，为今后更好地开展海外大型 EPC 项目管理提供参考和借鉴。在与业主 CMHI 的回访交流会上，业主 CMHI 运营总监任总对 F 公司项目团队的设计能力和交付成果给予了充分的肯定，并对 CS 项目按时竣工投产以及项目团队对业主工作的支持表示了感谢。随后，双方针对目前码头整体营运及使用情况进行了交流，项目团队也认真听取了业主对现场运营情况的评价与对设计的建议。

回访会议结束后，业主、华港国际与 F 公司项目团队一行人进入港区，进行实地参观，并拍照留念，如图 8-15 所示。

图 8-15　CS 项目繁忙的港区

参考文献

[1] BRAHA D, BAR – YAM Y. The topology of large – scale engineering problem – solving networks [J]. Physical review E statistical nonlinear & soft matter physics, 2004 (2): 96 – 113.

[2] COSTA A C, BIJLSMA – FRANKEMA K. Trust and control interrelations: new perspectives on the trust – control nexus [J]. Group organ manage, 2016 (32): 392 – 406.

[3] FLORICEL S, MILLER R. Strategizing for anticipated risks and turbulence in large – scale engineering projects [J]. International journal of project management, 2001 (8): 445 – 455.

[4] GOODMAN R A, GOODMAN L P. Some management issues in temporary systems: a study of professional development and manpower – the theater case [J]. Administrative science quarterly, 2016 (3): 494 – 501.

[5] HUSEBY A B, SKOGEN S. Dynamic risk analysis: the dynamic risk concept [J]. International journal of project management, 1992 (3): 160 – 164.

[6] JERGEAS G F, WILLIAMSON E, SKULMOSKI G J, etal. Stakeholder management on construction projects [J]. AACE In-

ternational Transactions, Journal of project management, 2016 (3):
121 - 126.

[7] JONES T M. Instrumental Stakeholder theory: a synthesis of
ethics and economics [J]. Academy of management review, 2015
(2): 404 -437.

[8] LÁRSON E. Partnering on construction projects: a study of the
relationship between partnering activities and project success [J]. IEEE
trans eng manage, 2016 (2): 188 -195.

[9] OSIPOVA E, ERIKSSON P E. Balancing control and flexi-
bility in joint risk management: lessons learned from two construction
projects [J]. International journal of project management, 2013 (3):
391 -399.

[10] PAJUNEN K. Stakeholder influences in organizational sur-
vival [J]. Journal of management studies, 2016 (6): 1261 -1288.

[11] PINTO J K, PRESCOTT J E. Planning and tactical factors
in the project implementation process [J]. Journal of management
studies, 2016 (3): 305 -327.

[12] STEED J C. Engineering project risk management [J]. En-
gineering management journal, 2000 (1): 43 -44.

[13] WILLIAMS T M. Safety regulation changes during projects:
the use of systems dynamics to quantify the effect of change [J]. Inter-
national journal of project management, 2016 (1): 23 -31.

[14] XIANG P C, KONG D P. A view of construction project
risk research: behavioral risk of principal participants in construction

project ［J］. Construction economy，2016（3）：72 – 75.

　　［15］刘俊颖，李志永．国际工程风险管理［M］.北京：中国建筑工业出版社，2013.

　　［16］左小德．项目管理与项目经理认证［M］.广州：暨南大学出版社，2011.

　　［17］顾梦迪，雷鹏．风险管理［M］.北京：清华大学出版社，2009.

　　［18］郭仲伟．风险分析与决策［M］.天津：南开大学出版社，1994.

　　［19］吕品．大型化工工程项目施工安全风险管控方法研究［J］.安全、健康和环境，2016（10）：47 – 51.

　　［20］赵辉，王雪青．大型工程项目融资风险动态分担［J］.北京理工大学学报（社会科学版），2016（5）：59 – 66.

　　［21］邓丽珊，邓小鹏，谷甜甜．大型公共工程风险管理研究［J］.工程管理学报，2016（4）：45 – 50.

　　［22］阮征．大型工程项目风险相互关系探析［J］.城市开发，2016（2）：86 – 87.

　　［23］王辉，赵文忠．大型基础设施建设项目风险界面管理整合模式探讨［J］.石家庄铁道大学学报（社会科学版），2016（1）：1 – 5.

　　［24］刘金兰，韩文秀，李光泉．关于工程项目风险分析的模糊影响图方法［J］.系统工程学报，2015（4）：81 – 87.

　　［25］袁立．当前国际工程项目的主要风险：防范与应对［J］.国际经济合作，2012（1）：45 – 50.

［26］周敦友．大型工程项目管理团队建设研究［J］.建筑经济，2010（5）：70-74.

［27］徐东生，陈瑜．怎样面对国际工程风险［J］.施工企业管理，2009（9）：23-34.

［28］马世超．基于利益相关者和生命周期的建设项目动态风险管理研究［J］.建筑管理现代化，2009（2）：176-179.

［29］齐二石，姜琳．大型工程项目的复杂性及其集成化管理［J］.科技管理研究，2008（8）：191-193.

［30］王宏伟，孙建峰，吴海欣，等．现代大型工程项目全面风险管理体系研究［J］.水利水电技术，2006（2）：103-105.

［31］向文武．大型工程项目风险管理的相应策略［J］.管理世界，2004（1）：143-144.

［32］杨婧．大型工程项目网络化建模及关键节点分析方法研究［D］.长沙：国防科技大学，2012.

［33］孙伟诺．大型工程项目质量保证制度体系研究［D］.长沙：中南大学，2010.

［34］吴春诚．大型工程项目进度评价和控制研究［D］.武汉：华中科技大学，2007.

［35］程铁信．大型工程项目物流风险分析与管理研究［D］.天津：天津大学，2003.